路面電車とまちの風景

― LRTデザインパレット ―

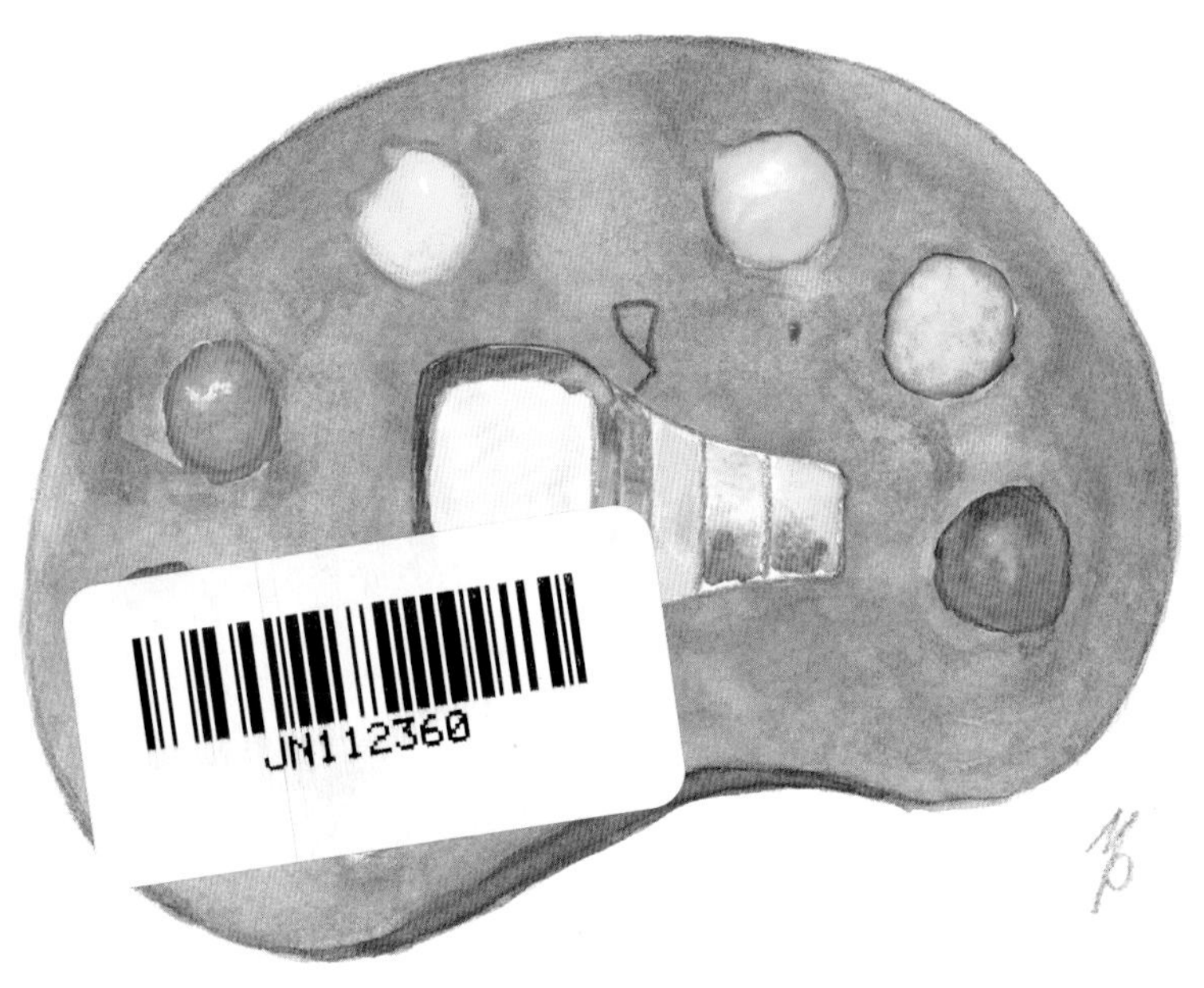

ペリー　史子／塚本　直幸　著

技報堂出版

● 著　者

ペリー　史子（ぺりー　ふみこ）

所属：大阪産業大学 デザイン工学部 建築・環境デザイン学科

専門：都市計画、建築計画、空間デザイン

塚本　直幸（つかもと　なおゆき）

所属：スキャドロン株式会社

　　　元　大阪産業大学 デザイン工学部 環境理工学科

専門：都市計画、都市交通計画、道路計画、環境計画

● 絵

Mariko Perry（*Mp*）

アメリカで活躍するアーティスト

まえがき

欧州を中心に路面電車のあるまちを、これまでに１００以上訪れてきた。これらのまちには、人々が集いにぎわう、生き生きとした風景の美しさがある。どのまちでも私たちはエトランジェであったが、まちはコンパクトでわかりやすく、滞在場所の近くにある商店や飲食店で楽しみ、公園でのんびりし、穏やかに流れる時間が心地よく、安心感に満ちていた。

路面電車は、比較的狭い範囲を走るスローでやさしい乗り物であるが、それがまちの雰囲気に関係しているのかもしれない。もちろんどのまちも路面電車がなくても経済、文化、歴史等に関わる十分な都市の資産を持ち、活気あふれるまちなのであろうが、そのような都市の資産と路面電車がうまく化学反応を起こし、よりユニークな魅力を醸し出しているように思える。

本書では、私たちが旅してきた路面電車のあるまちでの体験に基づいて、路面電車の何がまちを魅力的なものにしているのか、「まちの風景」という視点から読み解いてみたい。

路面電車の歴史は古く、１００年以上前から走っている都市も多い。路面電車よりも新しくできた建物が、そのまちの歴史的建造物とみなされていることもよくある。そうしたところでは、古くからある路面電車はすっかりまちの風景の一部になってしまっていて、路面電車がまちの風景に与えた影響を取り出すのがむずかしい。そこで本書では、おおむね21世紀に入ってから新たに開通した路面電車のいる都市を中心に取り上げることとする。それ位の年月ならば、路面電車

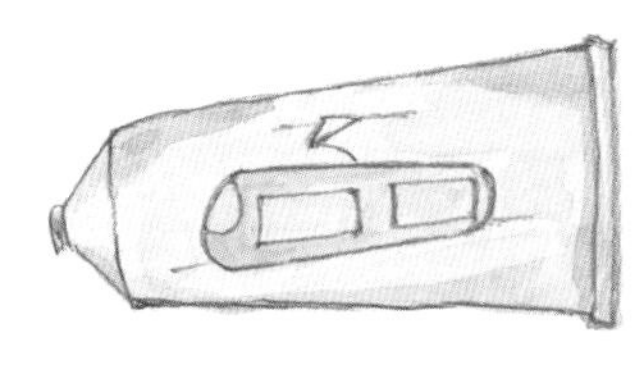

がなかった時のことも想像できるし、人々の記憶を訪ねて、開通前後を比較し、路面電車の開通によるまちの風景への影響をたどることができそうである。

本書の内容を簡単に紹介する。

第1章では、おおむねこの20数年以内に新たに開通したスペイン、フランス、イギリス、アメリカ、日本の10地区12都市を代表的な例として取り上げ、路面電車との関係からまちの風景の美しさ、豊かさを紹介する。

第2章以降では、路面電車と風景の関係について4つに分けて述べた。

第2章では「既存風景にとけこむ」と題して、まちの風景にとっては新参者である路面電車が、従来からある自然景観、歴史的景観、まちなみ等とどう調和し、それらの風景にどううまくとけこんでいるかを具体的に見てみる。新しい路面電車システムには、既存の風景を壊さずに、さらにはその価値を引き上げるために、さまざまなデザイン面での工夫がなされている。そのような事例を見てみる。

第3章では「まちの改造と新しい風景づくり」について示す。多くの都市において、路面電車は単に交通問題解決のためにだけ新たに作られるのではなく、それをきっかけとして様々な都市計画と連動して都市公共施設の建設などまちの改造が進む。そのようなまちの改造に伴う新しい風景づくりに、路面電車がどのように寄与しているか事例を示す。

第4章では、路面電車が通ると、車体だけではなく停留所、架線・架線柱、軌道などの施設がまちに出現し、また人々が安心・快適・効率的に電車を利用できるように、まわりの施設を改良したりオブジェ等の飾りが作られる。それらができることで、沿線地域を含めて「街路風景に新しい価値」がもたらされる。そのような多くの事例を説明する。

第5章では、路面電車が新しく開通すると、まちの中の人々の流れが量的・質的に変化し、結果として「人がいる風景」を大きく変える。第2章から第4章までは、路面電車の空間的な存在が、いわば物理的に都市の景観、ひいては風景に影響をもたらすことについて記述している。それに対してこの章では、路面電車の交通機関としての働きにより、まちなかでの人々の動きが量的、質的に変わることで、新しい風景が生まれてくることについて述べる。また、安全・安心な歩行環境が整った結果、夜になっても人々がまちに出てくるようになり、それに伴って楽しめるようになった夜景についても事例を紹介する。

新しい路面電車はまちの風景を大きく変容させるが、自然発生的にそうなったのではなく、自分たちのまちをこうしたいという思いで路面電車プロジェクトが計画され、その結果としてまちの風景がより魅力的なものになったのである。私たちは、欧州の14都市で路面電車プロジェクトに携わった人たちにインタビューしたが、その結果に基づいて、「新しい路面電車はどのように計画されたか」を第6章でまとめる。

日本では、古いイメージの路面電車から脱却した次世代型路面電車システムをLRT(Light Rail Transit)と呼んでいる。本書の副題の「LRTデザインパレット」は、新しく作られる路面電車のデザイン的な要素がどう組み合わされ、どのような魅力ある風景が実現されているかについての事例集であることを表している。日本でLRT計画を進めるにあたって、都市の風景という観点から、事例集としてこの本が使われることを期待している。

これらの都市を観光バスのお仕着せのツアーではなく、自分で路面電車を使って巡ってみることは大変楽しい。一枚数百円の一日券を買って路面電車が連れて

行ってくれるままに、知らないまちを旅してみよう。一日券を持っていれば、いつでもどこの停留所でも自由に乗り降りして、停留所界隈を探検してみることができる。その時、風景的な見どころを探すためのガイドとしても本書を使っていただければ幸いである。本書は路面電車と風景をテーマとしているので、基本的には路面電車の車窓から見える範囲の風景が大部分である。しかし、ここから見える風景のさらに向こう側にどんな風景が広がっているのか、未知のものをさがして停留所から出発するまち巡りは楽しい。巻末に各都市とまちの風景の特徴との対応表を掲載しているので、それを参考にしてほしい。

なお、本書は筆者らの前著「路面電車レ・シ・ピ　住みやすいまちとLRT」(技報堂出版、2019年3月)の続編という位置づけである。前著では、LRTの解説、LRT整備の意義と必要性、整備内容・手法、整備手順等について、主に計画論の立場から記述したものである。本書で紹介した「路面電車とまちの風景」の事例のバックグラウンドとなる「路面電車の整備計画」について興味があれば、ぜひともご覧ください。

本書に掲載された写真は、すべて私たちが撮影したものを用いている。

目次

第1章
路面電車のいる魅力的なまち

最近路面電車が開通した都市の中から、スペイン、フランス、イギリス、アメリカ、日本の10地区12都市を取り上げて紹介する。ナントが1985年の新規開通でやや古いが、それ以外の都市はすべて2000年以降に新たに開通した都市である。今まで大半が自動車のものであった街中の道路に新しく路面電車が通り、まちの風景はどう変化したか、また歩く人々はどうなったかを紹介する。

この章で取り上げた10地区12都市

国名	都市名	開通年
スペイン	セビーリャ	2007
	ビトリア	2008
	ビルバオ	2002
フランス	オルレアン	2000
	ナント	1985
	ブレスト	2012
	ル・アーブル	2012
	ル・マン	2007
イギリス	ノッティンガム	2004
アメリカ	ダラス	2015
	ヒューストン	2004
日本	富山	2006

終点に着いた路面電車

Sevilla ◆ セビーリャ

世界遺産に沿って走る路面電車

　スペイン南部に位置するアンダルシア州は、その歴史は古く、かつてこの地を支配したイスラム王朝の影響を色濃く残している。よく知られているものでは、グラナダのアルハンブラ宮殿がある。セビーリャはそのアンダルシア州の州都である。このまちには三つの世界遺産があるが、その内の二つはイスラムの影響を受けたものである。

　一つはセビーリャ大聖堂である。レコンキスタ（イスラム支配下のイベリア半島をキリスト教国家が再征服しようとする活動）以前はここにモスクがあり、それを破壊して建てられたものであるが、かつての名残があちこちに見られる。またコロンブスの墓もここにある。二つ目は、スペイン王宮であったアルカサルである。やはりイスラムの影響が色濃く残っている。三つ目は、インディアス文書館である。かつてスペインが支配した西インド諸島、アメリカ大陸、フィリピンなどをインディアスと呼ぶが、それらに関係した古文書を集めた大きな館である。

　セビーリャの中心部には、この三つの世

界遺産が隣接して立地しており、それに沿ってセビーリャの路面電車は走っている。2007年に新規開通し、まちの中心部のみを走行している。路線長は1.4kmという短さであるが、未だ計画途上であり、将来的には中心市街地から少し離れたスペイン国鉄のサンタフスタ駅とつながるなどの延長計画がある。

世界遺産との融合

路面電車の通りには世界遺産のみならず、スペイン銀行や昔のタバコ工場の建物を改造したセビーリャ大学など、歴史的な建造物が大変多い。こうした古い街路に、斬新なデザインの路面電車が違和感なくとけこんで走っているのには驚かされる。電車が走っている街路は決して広くはなく、セビーリャ大聖堂前では単線運転となっている。

セビーリャ大聖堂前の写真に見るように、大聖堂とインディアス文書館の間には広めの空間があって、そこに観光用の馬車がたくさんいる。観光客を乗せて、電車の線路をまたいで進むのもセビーリャらしい。アルカサル

軌道を横断する観光用馬車

セビーリャ大聖堂前の路面電車

アルカサル（魚眼レンズで撮影）

セビーリャ大聖堂前は単線運転

の公園や王宮は、電車通りから少し中に入ったところにある。アルカサルは、電車通りからは見えず沿道建物群の裏側にある。

これらのいくつもの歴史遺産と調和しながら新しい電車は走っている。ベージュ系の建物に対し、ライトグレーを主体にした車体は、これらまちの歴史的景観にマッチするようにデザインされている。車両はライトグレーでアクセント的に赤のグラデーションの線が施されているのもしゃれた印象を与える。車両の形状は丸みを帯びており、横を歩く人にとっても威圧感は少ない。

中心部からはずれたところでは、現代の都市として近代的なオフィスビルやマンションなどが並んでいるが、それらの前でも違和感のない車体デザインである。

変わる街路風景

まちの中心部の写真を見ると気がつくと思うが、電車通りは自動車の走行が規制され、人と路面電車だけの街路になっている。これをトランジットモールと呼んでいる。欧米諸都市の中心市街地でよく導入されており、

噴水と花壇

新しい市街地を走る路面電車

ライトアップされた噴水と電車

軌道敷を歩く人たち

人々は自動車のことを気にしないで歩くことができる。路面電車と人とが相互に注意しながらではあるが、道路を自由に横断し人が軌道敷を歩いている風景は日本では見られない。セビーリャでも、電車開通の前は普通に自動車が走り自由横断はできなかったが、路面電車のおかげで歩きやすい道となった。

路面電車の開通に合わせて、沿線の街路も美しく整えられた。街路空間に花壇や噴水などが設置され、植えられた花や日が暮れるとライトアップされる噴水が、まちの風景に彩りを添えている。

ヌエバ広場停留所は電車の一方の終点駅であるが、この広場に植えられたヤシの木が真っ青な空を背景に立ち並んでおり、ここがアフリカの対岸にあるヨーロッパ最南端の地であることを思い出させてくれる。広場の中央に見える騎馬像は、13世紀この地からイスラム勢力を排除し、キリスト教徒としてセビーリャを征服したフェルナンド三世である。

これまでの写真を見て、まちの中心部区間では電車の架線がないことに気づいただろうか。これは二つの理由がある。一つは、世界遺産のある古い建物景観を損なわないように、空中をさえぎる邪魔な電線をなくしているからである。架線のない区間では、電車は車載の蓄電器によって走行している。もう一つの理由は、毎年セビーリャで催されるセマナ・サンタと呼ばれるまつりのためである。まつりには背の高い山車も出てきて、架線がパレードの邪魔になるからである。

黄昏時のそぞろ歩き

建物と乗り物の新旧対比

ヌエバ広場停留所

日が暮れると、街灯に灯が入り、建物や噴水などがライトアップされる。人々は夕暮れのそぞろ歩きに出かけ、通り沿いのカフェもにぎわう。自動車がいなくて、人がたくさん歩いている通りは安心感も高い。そのため夜になっても人通りが絶えない。そのことが、まちの夜景をよけいに美しいものにしている。

インディアス文書館前停留所では、右側に歴史的な建物と馬車、左側に新しい建築物と路面電車というように新旧の対比が見られておもしろい。

祭りと路面電車

セマナ・サンタと呼ばれるお祭りの期間になると、大聖堂前は1週間ほど電車もストップする。セマナ・サンタはスペインでの重要な宗教行事であり、年によってその期間は異なるがおおむね3月下旬から4月上旬ごろに開催される。このときになると、各教会区からキリスト像やマリア像を載せた山車、ブラスバンド、細高い三角帽子などの宗教的服装の行列が出て、町中を練り歩く。そのため、大聖堂前には観客席が設けられ、行列のために線路も封鎖される。

セマナ・サンタは、セビーリャのみならずアンダルシア州の各都市でにぎやかに行われる。

祭りの行列では、背の高い山車やのぼりも出てくるので、邪魔になる架線が設置されていないのである。

ところで、２０１８年に撮影された前出の大聖堂前の電車の写真には架線がない。しかし、２０１１年に撮影された大聖堂近くの写真には架線がある。セビーリャ大学前の通りの２０１１年の写真と２０１６年の写真も見比べて欲しい。２０１１年は架線柱が連続的に立てられていて、独特の景観を示していたが、２０１６年にはこれらがすべて撤去されて、この区間も架線がなくなっているこ

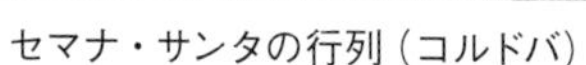
セマナ・サンタの行列（コルドバ）

大聖堂前の観客席と封鎖された線路

とがわかる。つまりこの5年間に架線のない区間が延長された。

架線の撤去に合わせて、プエルタヘレスの停留所には写真のような給電装置が設置され、ここで電車の蓄電装置に電気を貯めて架線なしでも走れるように工事が行われた。

セビーリャの路面電車の担当者に話を聞いたところでは、架線のない区間がこのように延長されたのは、景観保護もさることながら、それ以上にまちの人たちがセマナ・サンタという伝統的な行事を大事にし、それに合わせて路面電車システムも改良されたからとのことである。このような架線レスのシステムのために、スペインの車両メーカー（ＣＡＦ）も蓄電システムを新たに開発したそうである。伝統文化を大事にしつつ、新たな交通システム整備を行っているセビーリャの特徴がよく現れたエピソードである。

セビーリャ大学前通り 2016 年

2011 年には架線がある

プエルタヘレス停留所の給電装置（右上）

セビーリャ大学前通り 2011 年

路面電車停留所付近でくつろぐ人々（ビトリア）

Vitoria / Bilbao ◆ ビトリア／ビルバオ

バスク州の二つのまち

スペインバスク州は、スペイン北部に位置し、大西洋のビスケー湾に面している。州都は今回取り上げるビトリアである。ビトリアはスペイン語での呼び名であり、もう一つの公用語であるバスク語ではガステイスと呼ばれる。正式名称は、両言語での呼び名をハイフンでつないだビトリア＝ガステイスであるが、ここでは簡単にするためにビトリアと表記する。もう一つの代表的な都市、ビルバオはバスク州を構成する3県の一つビスカヤ県の県都であるが、人口・都市規模では州都のビトリアより大きくバスク州最大の都市である。

バスク州を代表するこれら二つの都市には、ともに2000年代に入って新規開通した路面電車がいる。路線としてはつながっていないが、バスク州政府によって一体的に計画され、また運行も同じバスク鉄道が行っている。車体デザインも非常によく似ているので、ここではまとめて紹介する。しかし、両都市の性格の違いにより、路面電車の役割については異なるところも多い。

欧州グリーン首都　ビトリア

鉄道やバスでビトリアに着いたときの第一印象は、なんと緑の多いまちなんだろうということである。森の中にまちがあるような印象である。

ビトリアは、その緑と水に関する環境政策を評価されて、欧州委員会により2012年に欧州グリーン首都賞を贈られている。2008年に開通した路面電車もみどりのまちにふさわしいカラーリングである。

路線延長は2路線で9km、18駅ある。ビトリアの表玄関であるスペイン国鉄のビトリア＝ガステイス駅には、駅前に電車が乗り入れるだけのスペースもないため、この駅にまでは来ていない。列車で着いた後、路面電車に乗車するためには10分ほど歩く必要があるが、木立の多い街中を歩くのも気持ちが良い。

路面電車が走るメインストリートと直交する街路には、街路樹が植えられ街路公園のようになっており、人々がのんびり歩いたりくつろいだりしている。

まちのシンボルとも言えるゴシック建築のサンタマリア教会と新しい路面電車はよく

森の横を走るビトリアの路面電車

木立の歩道

サンタマリア教会と路面電車

街路公園の様子

マッチしている。夜ともなれば、サンタマリア教会はライトアップされるので、路面電車とともに美しい夜景を形づくる。

安心な歩行環境

路面電車が走行する中心部の商店街地区は、自動車の通行が規制され、歩行者と路面電車だけのトランジットモールが形成されている。自動車が多く行き交う通りと違って、路面電車だけが通る道は安心感も高いのか、ビトリアの見出し写真に示すようにトランジットモール入り口近くの道路沿いの空間には、高齢の人々がベンチに座ってくつろいでいた。子どもを乗せた自転車、のんびり歩く二人連れなど、人にやさしい乗り物である路面電車が走るまちならではの風景である。

工業都市からの脱皮と都市再生　ビルバオ

ビスケー湾に近いネルビオン川の沿岸に位置するビルバオは、スペイン屈指の港湾都市であり、鉱業、製鉄業、造船業を中心として発展してきたが、先進諸国でのこれら重厚長大産業の凋落の波がビルバオにも押し寄せ、都市の衰退が著しかった。近年では、従来の工業から観光とサービス業へと産業の移行を図るために再開発が続けられている。ネルビオン川沿いの倉庫や工場の跡地が再開発され、全世界の建築家のコンペなどにより、斬新な建物や構築物が次々と建設され、まったく新しい景観が形成された。再開発地区の骨格を形成したのが２００２年に新規開通した路面電車である。

ビルバオもビトリアと同様緑の多いまちである。車体・停留所に共通して用いられているアクセントカラーの黄緑が、フレッシュなイメージと統一感を生み出し、グレーやベージュ、レンガ色の色味の多い街並みの中に違和感なくとけこんでいる。

トランジットモール

夜のサンタマリア教会

ネルビオン川沿いの新しいグッゲンハイム美術館を含む遊歩道や公園に沿って走る軌道には芝生が植えられ、グリーンベルトをつくり出している。これは単に街中の緑の量が増加しているだけではなく、白い石素材で仕上げられた硬い遊歩道に対して、芝生軌道の緑は視覚的にも目に優しく、空間に安らぎをもたらしていると言える。

ネルビオン川に沿った地域は、地形的に高低差があり、崖の上に建つ建物の下を電車が通るおもしろい光景となっている。特にグッゲンハイム美術館と軌道が交わるところでは、軌道の上に美術館が載っていて、美術館の広場から電車を眺めることができる。また、ネルビオン川を越すように建っている道路橋のサルベ橋は、赤く塗られたH型の曲線をしており、その下を電車の軌道が走っている。また向こうの山には多くの家が建ち並び、起伏に富んだこの地区の特徴的な風景を生み出している。

グッゲンハイム美術館は、フランク・O・ゲーリーが設計し、スビスリ橋はサンティアゴ・カラトラバの設計である。ほかにも、ビルバオ

ネルビオン川沿いの電車２

木立の中を走る電車

スビスリ橋を背景に走る電車

ネルビオン川沿いの電車１

には世界中の著名な建築家、構造家の手になる建造物が多くある。このまちを訪れたならば、ガイド片手にこれらを探してみても面白い。

夜のにぎわい

日が暮れ出すと、電車に乗って人々がまちに繰り出す。夏の夜は川沿いで色々な催しがあり、それを見物しようと出てくる人、あるいは川沿いのカフェやレストランで食事をする人など、夜の川沿いは人でにぎわう。夜ともなれば、この地区のさまざまな建築物・構造物がライトアップされて、日本のテーマパークにいるようでもある。

「川沿いの夜景」の写真で見るように、ビルバオは起伏に富んだ地形で丘に沿って様々な建物が建ち並んでいて夜景も美しい。ライトアップされたスビスリ橋の造形の妙もすばらしい。

旧市街地の電車

ネルビオン川沿いの新市街地だけではなく、昔からの市街地にも路面電車は入っていく。旧市街地は道も狭いため、単線で上下交

川沿いの夜景

夜のサルベ橋

ライトアップされたスビスリ橋

夜のまちに繰り出す人々

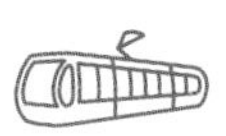

互通行となっている。停留所も満足につくれるスペースがないので、沿線建物の軒下、コロネードの中が停留所となっている。写真のリベラ駅では、古い建物に駅名表示の板が懸架されていて、狭い空間を工夫して停留所として機能させている。

この日ちょうどまちではお祭りのパレードが出ていた。さまざまな衣装の背の高い人形をその中に入っている人がかついで、バンドとともに町を練り歩く。昔の衣装を着た人形が大半だが、中にはリーガエスパニョールの地元のサッカーチーム、アスレチックビルバオの赤白のユニホームを着た人形もいるので、決まりはないのかも知れない。

パレードは横町から電車通りに出てくる。その横を電車がゆっくり走り、パレードが軌道を横切るときには停車してじっと待っている。まちの古い文化を尊重しつつ運行する交通機関は、スローが合い言葉の路面電車ならではの風景なのだろう。

建物軒下のリベラ駅

パレードと路面電車

横町から出てくる祭りのパレード

大聖堂を背景に走る路面電車

Orléans ◆ オルレアン

街を美しくする路面電車

オルレアンという街の名前を耳にしたことがあるだろうか。オルレアンはなくともジャンヌ・ダルクという名前は聞いたことがあるのではないだろうか。ジャンヌ・ダルクは英仏戦争末期にイギリス軍に包囲されて陥落寸前だったオルレアンをイギリス軍から解放し、フランス軍を奇跡的勝利に導いたヒロインである。６００年以上経た現在でも、ここオルレアンでは盛大なジャンヌ・ダルク祭が毎年5月に開かれている。

そして現在では、ジャンヌ・ダルクの像のあるオルレアン中心部、歴史的建造物に囲まれたエリアを、あたかもずっとそこにあったかのようにメタリックゴールドのシックな外観を持つ路面電車が静かに走り、まちは人々のにぎわいで活気にあふれている。

パリからはフランス国鉄で約1時間、ロワール川右岸にある。ロワール川流域に広がるロワール渓谷にはいくつもの歴史的な都市と数多くの美しい城があり、「フランスの庭園」と呼ばれる世界遺産「フランス・ロワール渓谷」となっていて、オルレアンもそこに含まれている。

地域のメッセージを込めて

オルレアンの路面電車のデザインにはロワールのイメージがいくつも組み込まれている。路面電車の車体外観は、ロワール川の砂の色をイメージしたメタリックゴールドを基調とし、その下部には地域の伝統工芸であるかご細工の模様が入っている。内装にも同じくかご細工の模様が座席ファブリックに用いられ、天井にはロワール地方の空と鳥が描かれている。路面電車はもはや人々の歩行を補助する交通施設としての器ではなく、車体の内・外ともにロワール地方という地域のメッセージを想起させながら、街を走っているのである。

歴史とともに

13世紀に建造が始まったサント・クロワ大聖堂はオルレアンのシンボルでもある。この大聖堂手前に停留所ジャンヌ・ダルクがあるが、停留所らしきものを示すものはほとんどない。雨風を遮るシェルターやサインボードもなく、券売機は停留所からは離れて沿線建物に埋め込まれている。路面電車に付き物の頭上の架線もない。どっしりと大聖堂が立ち上がっているこの歴史的エリアには、乗車位置を示すプラットホームだけがある。架線のない区間は、この大聖堂を正面に構え

車体内装

ロワール地方の空を飛ぶ鳥（天井）

車体外観

るジャンヌ・ダルク通りを含む約1kmにわたって続き、遠く離れて大聖堂を見上げたときにも視界を邪魔するものは何もない。空中に張られる架線の代わりに、地表面から電力を供給する地表供給方式であるAPS（Alinmentation Par Le Sol）が採用されている。写真では、線路の軌間にやや薄いグレーの帯が通っているが、これがAPSである。さらにこの区間の軌道敷は周囲と合わせた石造りであり、取り巻く環境にとけこむように路面電車は通り抜けている。

人と街と、つなぐ仕掛け

この通りから都心方向に進むとすぐに、二つの路線が十字に交差する拠点的停留所がある。植栽や大きなプランターボックスも配置され、辺り一体が広場のようにゆったりと構成されている。広々としているにもかかわらず、軌道の形状の問題でプラットホームと車体との間に一部30～35センチの隙間が生じる部分がある。その解決策として、停車時にはプラットホームから自動でボードが出てくる仕組みがつくってある。これによって車椅子

大聖堂を背景とした夜景

沿線建物ファサードに券売機

十字に交差する広場のような停留所

路面電車がいないときの大聖堂への道

やベビーカーの安全な移動のみならず、うっかり隙間にはまることもないボーダーレスな乗降を可能にしている。あくまで利用する人が主体であるという強い意思が感じられる。

車両自体はその第三ドアを広く開く両開きとし、車椅子利用者も乗降しやすくなっている。

オルレアンには不思議な停留所がある。ロワール川に架かるジョージ五世橋のすぐ北にあるロワイヤル・シャトレ停留所は、待合の場所は沿道建物のアーケードの下の通路部分にある。路面電車は橋上から中寄せ軌道で近づいてくるが、この通路には横付けにならない。路面電車が近づくと、歩道沿いの車道には赤信号が出され、遮断棒が降ろされて自動車は走行禁止になった。乗降客には歩行者青信号が提示され、車道から急遽停留所プラットホームに変身した場所に出ていき、路面電車に乗るのである。

狭い道路に自動車と路面電車を共存させ、プラットホームをつくる余地がなくても車道を一時的にホームにしようとするものである。このように、車よりも人と路面電車が優

不思議な場所で路面電車を待つ

広場のような停留所で乗り換える人たち

ボードが収納されたプラットホーム

ボードが出ているプラットホーム

遇されている。歩行者目線に立ったときに見えてくるおもしろい仕組みの停留所であり、軌道と停留所の配置関係について考えさせられる停留所でもある。

オルレアン市の路面電車プロジェクト担当者もまちで多くの車椅子利用者を見かけるようになったこと等、バリアフリーな路面電車が多様な人々にもたらした効果に少なからず驚いていた。都市の仕掛けが人々にポジティブな活動を促すようにできた良い事例と言える。

新しいシンボルとなる緑

都心から少し離れると、シンボリックに剪定を施した樹木のある停留所があって、ちょっと一息つくこともできる。また、軌道に芝生を敷くことで、都市の中に気持ちよい緑の帯、グリーンベルトをつくり出している。このグリーンベルトは都市のさまざまなエリアを視覚的にもつないでくれる。

スタイリッシュなメンテナンスセンター

オルレアンの路面電車メンテナンスセン

路面電車が近づき遮断機が下り、停留所になる

歩行者青信号

光る夜の遮断機

歩行者赤信号

ターはちょっとかっこいい。路面電車が出入りするのは、ミラー仕上げ外壁に突きささっている黄色の丸い筒。そして，沿線に設けられているため，センターのミラー仕上げの外壁に映り込む街の風景や車両をも眺めることもできる。こんなにスタイリッシュな操車場は今まで見たことがない。

センターのロビーには様々な人の動きや歩行者の姿を表現しているオブジェが置かれている。歩行者への意識を大事にしていることの表れであろう。

路面電車が担うこと

路面電車整備の理由には、「生活の質を上げる」「都市の再生」「都心の美化」の3点があげられている。生活，質，美化という言葉が用いられ，路面電車は交通計画・交通施設計画という範疇には納められない所も狙っている。

メンテナンスセンター

シンボリックな樹木のある停留所

多様な歩行者シルエットのオブジェ

広がる芝生軌道

公爵城前を走る路面電車

Nantes ◆ ナント

水と緑と城とアート

ナントと聞くと思い当たるのは、世界史で有名な「ナントの勅令」かも知れない。だが、歴史的な話だけではない。現代でも2013年に、ナントは欧州グリーン首都賞を受賞して注目を浴びた。これは、欧州諸都市の中から環境と経済成長を両立させた取り組みを称え、毎年1都市が選ばれている賞である。ストックホルム、ハンブルク、ビトリア＝ガステイスに続いて、ナントがこの賞を受けた。その受賞理由には、路面電車の再導入やバス専用レーンなど公共交通網の充実、緑の充実があげられている。

確かにナントには、町中を流れるロワール川や運河沿いの散歩道、気持ちよい緑あふれるエリアや水辺の遊歩道、まちのここかしこに現れる現代アートがあり、そして、このような場所の中に、あるいは隣接して路面電車の姿がある。

路面電車からそれらの風景を眺めるのも心地よいものである。

また、ナントはブルターニュ公国の首都として栄えたまちでもあり、ナントのシンボルとなっている堀に囲まれた広大なブルターニュ公爵城は、このまちの発展を見守り続けている。

公爵城と水鏡

ブルターニュ公爵城の南側には、水鏡や噴水も整備された大きな広場が広がっている。広場と公爵城との間には路面電車の軌道が設けられている。散策する人、水鏡で戯れる子どもたち、立ち話をする人、愛犬の散歩に来ている人など、いろいろな楽しみ方ができる魅力的な場所である。

路面電車がいないときは、広く開けた空間となり、一定間隔で走行する白地に緑のラインの入ったすっきりした車体の路面電車は、この場に一つの時間的リズムを生み出している。

公爵城前の水鏡に映りながら走る路面電車とお城の風景は一見の価値がある。

停留所に隣接する広場

公爵城から少し先には、都心部での乗り換えのための拠点的停留所がある。ここでもまた、停留所に面して広場があり、レストランや花屋などが連なっている。そしてここから横道に１ブロック入ると、また広場が開け、広場中央の噴水では人々が腰かけてくつろいでいる。停留所の広場だけではなく、そこからさらに歩行者空間が広がることによって、都市の散策に回遊性をもたらし、歩くことを楽しくさせている。

線路横の公園

公爵城からの路面電車が走る公園をのぞむ

公爵城を背景に水鏡と路面電車

新しいまちのシンボル

先ほどの拠点的停留所で路線を乗り換えて北に向かうと、クール・サンカント・オタージュ通りを進むことになる。この通りは運河を埋め立ててできた大通りであり、エリア一帯は再開発地域である。この通りの停留所は、スレンダーでシャープな、他に類を見ない独特のシェルターを持っている。独立した大きなバックパネルも風景になじみながらシンプルでかっこいい。運河に沿って、植栽と種々のアート作品がある。

拠点的停留所

停留所（正面）

横道に入った様子

停留所（側面）

拠点的停留所から横道に入った広場の噴水

豊かな水辺の再生

さらに進むと、緑と水の空間がある。水辺に沿って、下から順に親水空間、歩道、自転車道、路面電車軌道、車道と、少しずつ段差をつけながらつくられ、歩道と自転車道の路面には、かわいい歩道マーク、自転車道マークが入っている。クルマが占領していたこの運河沿いの空間は、路面電車導入によって人を中心とした空間に生まれ変わっている。

水辺に浮かぶボートを眺めながら散歩する人、ジョギングする人など、人が楽しむ空間

緑とアート

水辺の空間

歩道マーク

運河沿いの空間

自転車道マーク

になっているのがわかる。そして、路面電車からそれらの風景を眺められるのも楽しい。

もう一つの停留所デザイン

前述のスレンダーな停留所デザインとはコントラストを成すように、路線全体的には、三角屋根のような形状に木のベンチの、柔らかく暖かい雰囲気のある停留所が配置されている。ナントのローカルな住居の三角屋根を模したようでもある。ナントの路面電車は車体自体が白と緑のおとなしいデザインであるため、独特の雰囲気を持つこれら2タイプの停留所はとても興味深い。

グリーンベルト

欧州の路面電車軌道には、芝生が植えられているところが多く、ナントも芝生軌道区間が長い。前述のように停留所や沿線には並木も多く、芝生軌道とその周囲の植栽などとともにグリーンベルトを形成している。自動車道に芝生を植えることは不可能であるが、路面電車の軌道には可能であり、通行路としての役割と緑化スペースの役割とが共存できるのが路面電車の優れた

芝生軌道

三角屋根停留所

城壁の中でくつろぐ人たち

郊外の停留所周辺

ところである。これらの緑は、まちの風景に大きな変化をもたらしている。

まちなかアート

ナントは今、現代アートにも力を入れている。現代アートの名所として有名なナント島（ロワール川の中州）だけではなく、公爵城の外壁に映し出される光のアートや、公爵城前の水鏡の噴水が色・形をさまざまに変えていく様子を眺めているとふと時を忘れてしまう。城壁の内にもアートの仕掛けがあり、くつろぐこともできる。さらに、いくつものアートスポットがあり、それらを楽しみながら路面電車でまちを回るのもおもしろい。

フランスの新規路面電車の礎

ナントに路面電車が導入されたのは、１９７０年代に迎えたモータリゼーションの限界、特にバス交通のパンク状態という交通問題の解決のためである。都心に公爵城があるために、都心を貫くような高速道路の建設はできず、都心に車を入れる代わりに効率的な公共交通機関として路面電車の導入が図られていた。

フランスの中でも最初に新規の路面電車路線を通したナントは前例の無い中、紆余曲折の末やっと完成にこぎつけ、一旦運行が始まると人々に好評であり、住民の要望に基づいて路線を新設、延長してきている。今では普通となっているラウンドアバウト交差点における交通規程、信号システムやその認可方法なども、ナント市で路面電車走行のために作られたものがその基礎となっている。

路面電車が走ることによって生み出されてきた人が憩う空間。以前のように車に占有されていた風景は，もう考えられないだろう。

表情を変える水鏡の噴水

城壁の光のアート

レストランから路面電車を眺める

Brest ◆ ブレスト

ビタミンカラーがつなぐ

ブレストという都市は日本ではあまり有名ではない。ブレストは知らなくてもブルターニュ地方という言葉は知っている人もいるのではないだろうか。ブレストはフランスでほぼ最西端の都市で、西部ブルターニュ半島西端部にある港湾都市である。パリからはフランス国鉄のTGVで4時間以上かかる。飛行機だと、パリから1時間少々で、ブレスト・ブルターニュ空港に到着する。空港シャトルバスでブレスト路面電車終点停留所ポルトデギパヴァに行き、そこから路面電車に乗り換えて都心に向かう。

3世紀から4世紀にかけてローマ人が城塞を築き、その後、中世にはブルターニュ公国領となり、そして、フランス王国領に編入されてカナダやインドへの植民の基地となった歴史を持つ。フランス最大の軍港都市であり、神奈川県横須賀市の姉妹都市でもある。第2次世界大戦時に爆撃によって破壊されたまちは復興を遂げ、商業都市としてもにぎわい、また、大学や研究所などのある学園都市にもなっている。

ビタミンカラーの路面電車が、このまちの

北東部、都心、南西部をつないでいる。

ブルターニュの色

ブルターニュ地方といえば、くすみのない真っ青な空のような、くっきりとした鮮やかな色調の風景が有名である。路面電車をしばらく待っていると、シルバーと黄緑のツートンカラーのかわいい路面電車がやってくる。ブレストの路面電車に使われているこの黄緑もブルターニュ地方の色に由来し、車体の正面から続くなだらかな曲線は船が通った波の形から生まれている。シルバーの屋根の部分は、まわりの光を反射し、天気の良い日には青空色で、曇っていればグレーになり、夜には周りのライトの色を映す。

内装ではこの黄緑のほかに、チェリーピンクが座席や壁面に使われている車体もあり、窓際の丸い小さなテーブルは愛嬌があって、かわいい。

いろいろな道

起伏のある街ブレストでは、路面電車は

まちなかを走る路面電車

広い道と路面電車（開発エリア）

路面電車インテリア

トランジットモール

坂を上ったり下りたり、大きく開けた道だったり細道だったり、色んなところを通る。狭い道では自動車の通行を規制して、路面電車の軌道と歩道のみのトランジットモールとなっている。乗車していると、突然目の前には海が広がって「あっ」と思ったりしているうちに、市役所前の大きなリパブリック広場に出る。

港に向かって一直線

リパブリック広場の後は、フランス最大の軍港に向かって一直線にトランジットモールとなっているシャム通りを伸びていく。この辺りで降りて、オープンカフェで休憩もよし、ウィンドウショッピングも楽しい。また、パンフェル河口にかかるルクヴランス橋を歩いて渡りながら、色んな艦船が入港している軍港や、現在はフランス海軍が所有して国立海軍博物館として公開されているブレスト城を、ゆっくり眺めるのも風情があって興味深い。ちなみにこの橋は昇開橋となっていて、大きな船舶が通るときには、橋が上がる仕組みになっている。

　トランジットモールでは幅員いっぱいに、両

軍港とルクヴランス橋

店舗前の余地にあるピンクの停留所

ブレスト城と軍港

軌道横のオープンカフェ

脇の建物ファサードからファサードまで一体的に白っぽい舗装で整備され、噴水や花壇、ベンチなどが設置されている。モールから離れて川のほうへ降りていくと、川辺に並ぶシーフードレストランで楽しく食事をしたり、数多くのレジャーヨットの横を散策することもできる。

散在するアート

港に近づき、トランジットモールが終わるルクヴランス橋のたもとあたりに来ると、ぴかぴか光る金属でできた木が目に付く。あれっと目を引く風景である。ブレストの路面電車はまちを北東から南西へとジグザグしながら横切る一系統であるが、その沿線には、このような環境アート、オブジェが七つも置かれている。この地域の公用語あるブルトン語でつくられた標識や、バランスボールのようなものもあり、最寄りの停留所にはアートに関する解説パネルも設置されている。フランス語、ブルトン語、英語の併記である。パネルの台座の金属に刻んであるのは路面電車の路線図である。一日乗車券を購入して路面電車でまちを巡り、アート探しをするのもいいかもしれない。

水盤に映り込む車両

トランジットモールの様子

トランジットモールから横道に

トランジットモール端部の広場

夜景演出

路面電車停留所の照明が夜になると独特の夜景を演出する。トランジットモールの噴水のライトアップ、ルクヴランス橋のライトアップと併せて、ディナーの後に、昼間とは全く違う表情の夜景を散策するのもおもしろい。

緑豊かな都市改造

ブレストでの路面電車導入は、都市改造の一つの手段である。移民や低所得者層の社会的孤立が課題となっていたポンタニゼ地区にわざわざ路面電車を通すことによって社会的融合をも目指し、交通問題解決だけではない、快適で安全な都市へと改造していくことが目的となっている。ブレストの交通担当者の話によれば、新しいタイプの路面電車の導入は、バスであれば利用しないという人たちを公共交通利用に転換させることに成功し、車いす利用者にも今までにない移動の自由さを提供できているとのことである。

軌道沿線には市役所、警察署、美術館、アリーナ、ブレスト城、商業施設や大規模集合住宅開発地があり、郊外エリアでは芝生軌道

停留所に設置されたアート解説パネル

メタルの木と路面電車

トランジットモール夜景

バランスボールを眺める停留所

の周囲にも芝生が植えられ、さらに緑地がつくられてもいる。単に芝生軌道が生み出すグリーンベルトだけではなく、拡大された緑のオープンスペースとともに、植栽からは季節感が感じられ、まちに豊かな潤いをもたらしている。

そして、空をゴンドラで川を渡る

今、ブレストに行くと、街中を流れるペンフェルト川の上空に、空中ゴンドラが見えるはずだ。私たちが２０１５年にブレストを訪れたときには未完であったが、ブレスト市の交通政策担当者がとてもうれしそうにゴンドラについて語っていたのが印象的であった。

フランスで第１号となる都市公共交通としての空中ゴンドラである。都心と再開発が進んでいるレプシン地区とを結ぶ新しい交通手段であるユニークなゴンドラは、路面電車、バスともつながっている。まちなかを颯爽と走るビタミンカラーの路面電車に乗り、港からはこのゴンドラに乗って川を越える、こんな移動が日常の中でできたら、毎日ワクワクするに違いない。

芝生軌道

停留所夜景

「空中ゴンドラが来る」という案内表示（2015 年撮影）

橋のイルミネーション

ル・アーブル市庁舎と路面電車

Le Havre ◆ ル・アーブル

破壊と再生のまち

印象派の画家、クロード・モネに関心を持っている人ならば、「印象・日の出」という絵はル・アーブルの港を描いたことを知っているかも知れない。19世紀、モネがフランス・ノルマンディー地方にある自分の故郷ル・アーブルに出かけるためには、パリのサンラザール駅から鉄道に乗って出かけたに違いない。今もまだパリから鉄道でル・アーブルに行くには、サンラザール駅から乗ることになる。サンラザール駅には、何枚もあるモネの絵にも描かれていてる三角屋根があり、当時の雰囲気がしのばれる。

ル・アーブルに着いてまず気づくのは、多くのフランスの地方都市と異なる、圧倒的な近代的建物であろう。中世の人々も歩いた路地のような狭い道も少なく、街路は広く整備されている。これは、第二次世界大戦によりまちの大半が焼失したことによる。ル・アーブル市庁舎前公園に置かれている〝Resistance Deportation〟と刻印された第二次世界大戦中のレジスタンスと被追放者（ユダヤ人）への記念碑の説明によれば、ル・アーブルは、1944年6月6日のノルマンディー上陸作戦の後、同年９月５日から12日までの空襲により、市の大半が破壊された。

その後、１９５０年代初頭から約20数年の歳月を経てまちは復興した。復興・再建の中心的役割を担ったのは、「コンクリートの詩人」と呼ばれる建築家オーギュスト・ペレで、１３３ヘクタールに上る再開発地域を、コンクリートで斬新かつ機能的な街並みとして蘇らせた。２００５年、ユネスコは「オーギュスト・ペレによって再建された都市ル・アーブル」として市の中心部を世界遺産リストに登録した（ル・アーブル観光局：World Heritage of Humanity）。

再建された都市のイメージを表現した路面電車

そうした状況のもとでル・アーブルの路面電車は２０１２年に生まれた。ペレの行ったル・アーブルの再建都市計画のデザイン的特徴に従い、車両は白を基調としたグレーの格子状の模様で、打ちっぱなしのコンクリートを模したとも見える。

車内の座席カバーも外観と統一された模様で

車両外観

現在のサンラザール駅

座席

Resistance Deportation の碑

ある。また、停留所の天井にも、格子状の模様が施されている。加えて、乗車券にも同様の模様が使われており、まち全体の風景と協調するように、路面電車システム全体が一体的にデザインされている。

見出し写真は、ル・アーブル市庁舎前に停車する路面電車の夜景である。ライトアップされた市庁舎とシルエットの路面電車とが対となって、特徴的な風景をつくり出している。ところで、この市庁舎を初めて見たとき、向かって左側の高い塔が香川県庁の本館によく似ている、と思ったものである。あるいは、窓の雰囲気は東京都庁舎にも通じるものがある。香川県庁、東京都庁の設計者丹下健三は、オーギュスト・ペレからル・コルビジェにつながる人なので、意匠的には同じ流れなのであろう。そう考えると、世界遺産ル・アーブルがより身近なものに感じられる。

それでは、早速路面電車に乗ってまちを回ってみよう。

大通りはフランスとは思えないような端正な佇まいである。両側に近代的なビルが建ち並び、広々とした芝生軌道の上を、ル・アーブル都市計画と一体化した路面電車が走る。

ル・アーブル市交通政策担当者へのインタビューに基づく路面電車計画について紹介しよう。市内の公共交通としては、1874年から1959年まで路面電車が走行していたが廃止されている。しかし、公共交通をバスだけでまかなうには、すでに輸送能力の限界を超えていること、都市の活性化のために公共交通の整備が必要なこと、路面電車が走行することによって道路環境が改善されることなどの動機から公共交通整備のプロジェクトが始まった。プロジェクトは1997年に開始され、2003年に議会の承認を得た。その後、2006年から公共交通として、バス、メトロ、路面電車のどれを選択するかの検討が始まり、2009年の世論調査なども踏まえて2010年に路面電車新設計画が議会で承認された。

停留所天井

乗車券

オーギュスト・ペレによって再建され、それが世界遺産に認定された流れの中に、路面電車計画が立脚していることがよくわかる。路面電車はできてからまだ10年そこそこなのに、都市としてのたたずまいの中にとけこみ独特の風景を醸し出している。まちの風景に与える路面電車の力に感心する。

電車を彩るさまざまな風景

大通りの軌道と車道の外側には街路樹の植えられた芝生区間があり、そこにはさまざまなモニュメント（芸術作品）が設置されており、まちの風景に彩りを添えている。写真の像の台座には作者の名前が刻まれており、その下側には"Hommage d'Auguste Perret"（オーギュスト・ペレのオマージュ）の文字が入っている。

街路樹と芝生によってまちは緑にあふれている。都市緑化に関する市当局の話によれば、新規の電車路線設置のために１５００本の樹木を切らねばならなかったが、それ以上の２３００本の木を植え、また芝生軌道は道路騒音を減少させ、緑化という点でも市民に好評だとのことである。

像と路面電車

大通り（フォッシュ通り）を走る電車

台座

商業ビルと電車

ル・アーブルはセーヌ川の河口に位置している。路面電車の一方の終点であるラ・プラージュ（「海岸」という意味）は海に面しており、海に沈む西日に照らされた車体と海はよくマッチしている。

日が暮れると、停留所にライトがつく。縦長の棒状で、停留所の広告にも電気が入って、夜景も美しい。やはり一番美しい夜景は、見出し写真に示した市庁舎だと個人的には思う。

社会政策としての路面電車

路面電車の路線総延長は13kmで、23の停留所（駅）がある。途中、延長575mの都市内トンネルを通過している。トンネルを通過する路面電車という風景は極めて珍しい。このトンネルに向かって、市街地部からかなりの勾配を電車は駆け上ってくる。この区間は芝生軌道となっている。景観、環境面に配慮していると同時に、芝生軌道区間は専用軌道であり自動車の侵入禁止区間であることも示している。この勾配区間を上から見下ろすと、ずっと続く線路と架線・架線柱の並びの風景はおもしろい。

海に面した停留所で

路面電車専用トンネル

灯がともった停留所

坂を走行する電車

トンネル向こう側には、住宅地が広がっている。いわば郊外の団地や社会住宅団地も多い。社会住宅とは、フランスの多くの都市で社会政策的につくられている低所得者向けの公共住宅である。トンネルを越えると、中東やアフリカにルーツを持つと思われる乗客が増える。アラビア語やバントゥー語系と思われる会話も聞こえてくる。これらの移民やその子孫、低所得者のための社会住宅団地が、ル・アーブルにもあるが、路面電車整備とも連動して、老朽化した団地の再生が行われた。これらの人々の中には、言語、文化、宗教的に既存のフランス社会から孤立している人も多く、それらの人々が都心部に出てくるための公共交通手段として路面電車が整備された側面もある。路線をこれらの地区に敷設することで都心・市街地部に出てきやすくなり、これらの人々の「社会的孤立」を解消する役割をル・アーブルの路面電車は持っている。

リニューアルされた郊外団地と電車

まちなかを走る路面電車

Le Mans ◆ ル・マン

レーシングカーと馬が走り抜けるまち

ル・マンといえば、ル・マン24時間耐久レースが行われるモータースポーツの都として世界的にも有名である。2021年のレースで日本人ドライバーの小林可夢偉、中島一貴の二人がワンツーフィニッシュを遂げたことも記憶に新しい。日本の自動車メーカーの参戦によってより身近になっているレース会場ブガッティサーキットには、フランス国鉄ル・マン駅から少し渋みがかったオレンジ色の路面電車一本でスムーズに行くことができる。

だが、ル・マンという都市はそれだけではない。フランス西部に位置するサルト県の県庁所在地であり、人口約20万人のル・マンには、古代ローマに通ずる遺跡もある。馬が走り抜けていた旧市街の細道には、今でも馬が近づかないようにして身を守るために置かれていた独特の石がそのまま残されている。この一角には11～15世紀に建てられたサン・ジェルマン大聖堂が威厳を誇っている。落ち着いた地方都市の雰囲気を味わうことのできるこの旧市街地へも路面電車で手軽にアクセスできる。

このように、ル・マンは新旧がミックスしたまちである。

歩行者空間で都市を変える

国鉄ル・マン駅から路面電車に乗るには、駅から一歩外に踏み出すだけだ。路面電車開通に合わせて、自家用車などがひしめいていた駅前からクルマが排除され、歩行者のための広場へと変身している。駅に横付けする路面電車は頻繁に来るのでとても便利である。路面電車だけではなく、バス、タクシー、自転車のマルチモーダル結節点として機能している。

駅から都心部へ向かうと、三つ目の停留所で大きな広場に出る。リュパブリック広場だ。以前は環状道路に囲まれて巨大なラウンドアバウトとなっていたが、国鉄駅前同様に、路面電車導入時に歩行者のための広場に改造されている。そして軌道は、広く開けた広場の中央を横切って広場を取り囲む建物の隙間から細い道へと抜けていく。広場には、プランターボックスやベンチなどが配置され、広場の地下は駐車場になっている。

人のための空間となったリュパブリック広場が、かつてクルマに占有されていたという風景

鉄道駅に横付けする路面電車

旧市街の細道と馬よけの石

リュパブリック広場に入る路面電車

サン・ジェルマン大聖堂

は今となっては想像するのも難しい。なお、自動車はこの広場の地下にある駐車場に止めることになる。

リュパブリック広場での自動車の通行規制同様に、市中心部では居住者車両の進入を除いては自動車通行規制がなされていて、歩行者と路面電車だけが通行可能なトランジットモールが広範囲に形成されている。

緑の帯でまちをつなぐ

都心部を離れると芝生軌道も多く設けられ、緑の少ない街路空間に緑の帯、グリーンベルトが敷かれている。このグリーンベルトに沿って連立している街灯に着目すると、そこにも車体同様のオレンジの色が使われている。

路面電車導入に伴って、多くの箇所で公共空間の整備や建物の建て替え・新設が行われ、路面電車路線敷設のための街路拡幅では、古い低層住宅の移動や中高層建物への建て替えなども実施している。ただ、そのときにも建物の状態を注意深く観察し、良好なまちなみは残す努力もされている。

広場地下駐車場へのアクセス

リュパブリック広場の停留所

リュパブリック広場に通じる道

軌道は広場の真ん中に

オレンジ色がまちを整える

　路面電車車体のデザインにはいろいろな手法があるが、ル・マンの場合はモダンなシルエットでありながら親しみを感じさせるように丸い鼻を持っている。そして、このすっきりとした車体をタバコレッドと呼ばれるオレンジ一色でまとめ、個々の車両には、ル・マン24時間レースに関わる場所などのニックネームが運転台の窓枠の下に書かれている。たとえば、写真はミュルサンヌというネーミングの車両である。この名前はル・マン24のサーキットの鋭角のむずかしいコーナー名として有名であるが、普段は一般道のロータリー交差点であり、その交差点のある場所がミュルサンヌ・コミューンに属しているからである。

　内装も白い壁にこのオレンジの座面と握り棒、天井面にはオレンジがかった茶色をベースにル・マンの空と鳥が描かれている。

　路線終点には、ル・マン24のサーキットのほか、大学、自然公園、アリーナなどがあり、そこにはパークアンドライド（P＋Rと表示）施設が設置されていて、郊外からの人はここで車を降りて路面電車を利用すると便利である。また、

保存された古いが良好なまちなみ

トランジットモール

ミュルサンヌ（Mulsanne）と命名された車両

続く芝生軌道とオレンジ色の街灯

要所要所に設けられた乗り換え停留所においても、他公共交通機関と同じプラットホームをシェアするような形態でつくられ、簡単に乗り換えができる。そして、軌道に沿って配置されているこのような交通施設、停留所のシェルターや駐輪場でのアクセントカラー、P&Rの建物の外壁などにも路面電車車体同様のオレンジ色が用いられており、交通施設間のリンクづけの役割をも果たしている。

さらに町中に目を向けると、街灯のみならず、都心大広場のリュパブリック広場の背の高い目立つ照明器具にもオレンジ色を見ることができ、広場に置かれているキヨスクやメリーゴーランドにまでも同様の色味が使われている。どこまで意図しているのかはわからないが、このような目を持って、街歩きをするのも楽しい。

市民への説明会

ル・マンは、一度は走っていた路面電車を1947年に止めたまちでもある。路面電車に置き換わって公共交通手段となったバスの輸送能力に限界が出てきたために、新しい形での路面電車が浮上してきたのだが、路面電車の建設にあたっては1年間に22回に及ぶ市民説明会を開催している。

さらに、身障者や自動車利用が困難な層への配慮も重視し、さまざまな手段を講じて市民の理解を得る努力がなされている。

オレンジ色の外装のパークアンドライド施設

車内天井の子どもと鳥の絵

乗り換え停留所

オレンジ色のアクセントの駐輪場

停留所パネルとチケット販売機のアクセントカラー

広場のキヨスクとメリーゴーランド

都心広場の噴水を通して見る路面電車

Nottingham ◆ ノッティンガム

NETでまちを変える

ノッティンガムは、ロビン・フッドの伝説で有名である。吟遊詩人たちによって広まった中世イングランドの伝説上の人物、ロビン・フッドは、ノッティンガム北部にある、今では国立自然保護区となっているシャーウッドの森に住んでいたとされる。

さて、このノッティンガムはイギリス中央部に位置し、人口約30万人、都市圏人口は約70万人であり、毎年約6万人の学生数を抱える、言い換えれば人口の約1／5は学生という大学の街としても有名である。そして近年では、従来の工業都市から新規産業都市への積極的な転換を進めてきている。その中の一つの手段として、NET（Nottingham Express Transit）と名付けられた新しい路面電車がつくられた。

ノッティンガムへはロンドンから鉄道で北に向かって約2時間走ると到着する。路面電車の停留所は鉄道駅に隣接し、ここから路面電車で数分の所に、文化、商業の中心である都心がある。

都心を人が集う楽しい空間に

都心部への入り口には細い急カーブの道があり、これを越えると街の風景が一変する。

視界に入ってくるのは、街を行き交う人々の姿である。公共交通である路面電車とバスを除いては一部にわずかの車が通っている程度である。都心中心には大きな噴水プールのあるオールド・マーケット・スクエア広場があり、ここから1ブロック北に進むと正面にロイヤル劇場を迎える。これらを中心に脇道も含めてその周辺には歩行者のための空間が大きく広がり、歩行者はゆったりと回遊することができるようになっている。ショッピングを楽しんでいる人たち、おしゃべりしながら歩いている人たちなど、人が主人公になっている街の様子がそこここにうかがわれる。

車体のピーコックグリーン

ノッティンガムの路面電車の外観は何種類かあるが、基本的な色調は、白とシルバーに少し黒という無彩色にシンボルカラーのきれいなピーコックグリーンのラインが映える、すっきりとしたものである。そして車体正面横には、ノッティンガムシャー出身の小説家・詩人のDHロレンス、BBC Radio Nottingham のプレゼンターだったデニス・

駅から都心への急カーブ

ロビン・フッドの像と子ども

都心のオールド・マーケット・スクエア広場への道

ノッティンガム駅からの風景

マッカーシー、サッカーチーム「ノッティンガムフォレスト」を率いた指導者ブライアン・クローなどの、ノッティンガムにちなんだ人の名前が黒地に白い文字で書かれている。

シンボルカラーのピーコックグリーンに着目すると、停留所のベンチやフェンス、サインボードはもちろん、通りの街灯などにも使われている。まちのいろいろな場面に少量だが繰り返しこの色が見られ、都市のまとまりを演出するのに上手に役立っている。

オールド・マーケット・スクエアのカウンシルハウス

広場の停留所で待つ人

都心のロイヤル劇場周辺

ピーコックグリーンが基調の車両

軌道から横道へ入った歩行者空間

地域の声を聞きながら

停留所「ウィルキンソン通り」と「フォレスト」の間は、写真の路線図が示すように上下線別の単線となって運行している。イギリスは日本と同様自動車左側通行の国なので、路面電車も左、つまり写真路線図では、本来ならば上側が右向きで、下側が左向きのはずである。ところが逆になっており、しかも単線区間は自動車も一方通行で、ここでは通常とは異なり、路面電車は車とは逆の通行をする逆行レーンとなっている。車と逆行する路面電車に乗っているとちょっと不思議な感じがするが、市の担当者からの説明で謎が解けた。この区間では沿道に小規模店舗が並んでいるのだが、進行方向が都心であれば乗客が途中下車して買い物をするが、郊外方向であればそれが見込めないので都心方向にして欲しいとの要望が店舗側から出され、それを受けて、通常に逆行するかたちをとることになったのである。

さらに郊外に出ると、今度は掘り下げられた半地下構造の停留所を目にする。停留所に降り立っても周囲の様子がわからず、見えて

軌道脇の街灯

デニス・マッカーシー名の入った車両

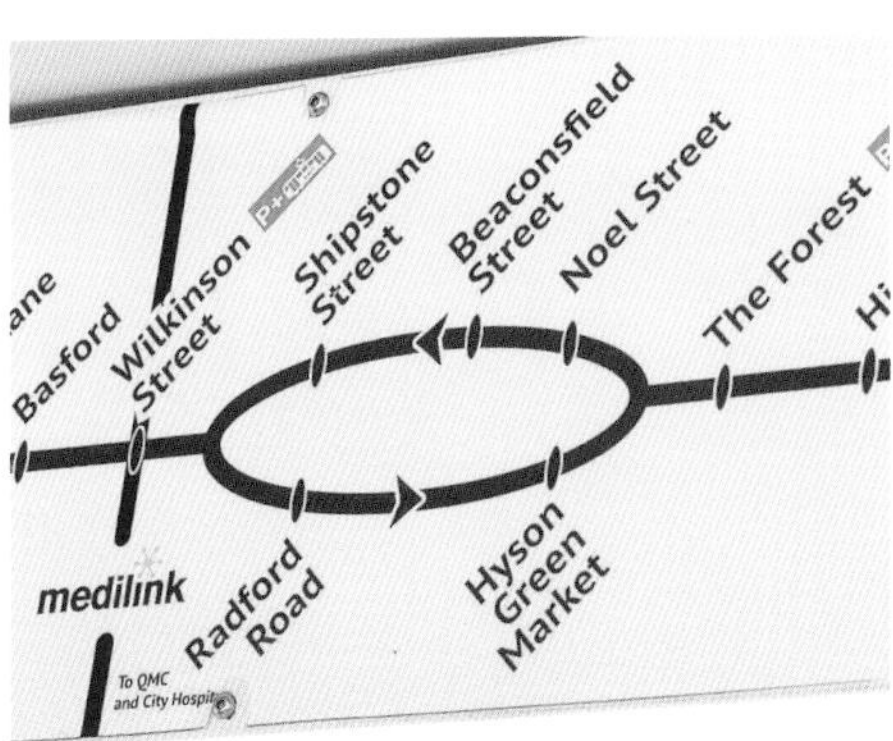

車内の路線図

パークアンドライドのあるウィルキンソン通り停留所

くるのは法面の植栽と時々トンネルから出てくる路面電車の顔、そして植栽の上にのぞいている家の屋根である。住宅地が線路に隣接しているエリアでは、周囲住宅地のプライバシーを守るために軌道を掘り下げ、軌道脇の法面には騒音対策も兼ねて植栽を施しているのである。

沿線にはいくつもの大規模なパークアンドライド、バスや鉄道への乗り換え拠点が設けられ、路面電車利用促進が図られている。終点のハックナル駅では、鉄道との乗り換えが同一プラットホーム上で可能である。

新しいイメージをつくる

都心の電車通りにはノッティンガム路面電車の案内オフィスがある。ノッティンガムでは過去に路面電車が走っていた時期がある。新しい路面電車導入を進めるには、「路面電車は古い、揺れる、騒がしい」というイメージをまず払拭し、今回の新しい乗り物としての路面電車は以前のものとは全く異り、静かで快適でスピーディーであり、交通渋滞解消にも貢献できる、二酸化炭素を排出しない公共の乗り物であることをさまざまな方法で広く市民に広報することが重要だった。その新しいイメージを人々にわかりやすく伝えるために、新しい路面電車をＮＥＴと名付け、ロゴやシンボルカラーも作成している。

掘り下げられた停留所シンダーヒル

停留所から周囲を見上げる

停留所に入ってくる路面電車

人の空間へと戻すために

ノッティンガムでの路面電車導入計画は当初こそまちの経済に致命的な打撃を与えつつあった交通渋滞解決策として始まってはいるが、そこにとどまらず、サスティナブルで快適な居住・就労・訪問の街という都市全体の目的を達するための手段の一つとなっている。都市空間をさまざまな工夫によって人の空間へと戻してきていることが見られる。

運営方法としてＰＦＩ（Privat Financial Initiative）方式が採られていることでも知られているが、その内の市の財源のつくり方は独特である。ノッティンガム市には交通関係の目的にのみ使用できるWorkplace Parking Levy（ＷＰＬ）という職場の駐車場にかかる税収入があり、これを市負担分の基としている。

この路面電車導入プロジェクトは１９８８年に発表され、10年後にＰＦＩ方式が中央政府より決定、２０００年にライン１の工事が始まり、２００４年に開通している。

運賃支払いは当初は車掌から直接切符を買う対面式であったが、２０１４年春に信用乗車方式に変更している。この変更に際しても、より便利になることや切符の購入方法、無賃乗車に対する罰金などを、さまざまな広報手段を用いて市民への周知徹底を図っている。

ＮＥＴ第1段階の成功を受け、２０１４年に第2段階が運行を開始している。ノッティンガムの中心を通って北部と南部、南西部を大きくつなぎ、総延長約35㎞となっている。

ハックナルのＰ&Ｒ

NET オフィスと NET ロゴ

終点停留所ハックナル

ヒューストンの水盤と路面電車

Houston / Dallas ◆ ヒューストン／ダラス

テキサス州にもある新しい路面電車

自動車大国となったアメリカにも、かつては都市交通として路面電車がいたるところに存在していたが、いわゆる車社会になって以降、大部分の都市において路面電車が廃止になったという経緯がある。しかしその一方で、近年話題になっている新しい都市交通の提案としてのＬＲＴ（Light Rail Transit）という言葉を生み出したのも、１９７０年代のアメリカである。このように考えていくと、都市の中心に、植栽やオブジェだけではなく水盤、噴水と路面電車を大胆に組み合わせたまちの風景がアメリカに生まれたのも、不思議ではないように思えてくる。

ここでは、アメリカ南部テキサス州のヒューストン、ダラスの２都市において、路面電車が生み出したまちの風景を取り上げていきたい。

高層ビルの間の憩いの場ヒューストン

都心のプールから噴き上がる噴水の、水の輪を次世代型の新しい路面電車が通り抜けるシーンがあると聞いて、ヒューストンを訪れた。

ヒューストンは、人口２３０万人のアメリカ第４、テキサス州第１の大都市である。海港を持つヒューストンは、湾岸は貨物コンテナや石油プラントの集積地として栄え、現在では大学や医療などの多くの研究教育機関を抱え、工業都市、ビジネス都市としてのみならず、文化・教育・研究都市として名をあげてきている。また、アポロ計画、スペースシャトル計画などで有名なＮＡＳＡ（アメリカ航空宇宙局）のジョンソン宇宙センターが、ダウンタウンから南東に40kmのところにあり、宇宙シティとしても知られている。

このような都市の都心高層ビルに挟まれた中に、幅広いトランジットモールがあり、ヒューストンの見出し写真の風景が見られる。ゆったりとした歩道に樹木や花壇が設けられているのみならず、軌道の間とその両側にプールが設けられ、水が張られて噴水もつくられているのである。そしてここには「AS WE BUILD OUR CITY LET US THINK THAT WE ARE BUILDING FOREVER」と記された非常にインパクトの強いゲート風モニュメント（見出し写真の車両の右上）や、さまざまなオブジェが植栽とともに配置されている。トランジットモールというよりは緑豊かな都心の公園という言葉

路面電車のいないときの風景

トランジットモール

トランジットモールの植栽

トランジットモール中央プールを挟む路面電車

のほうがふさわしい様子である。日暮れからは両側の建物に付けられたポール状の照明が色を変え、昼間とは違う街の夜景を演出している。

ただ、この噴水の輪の中を通る路面電車の姿を目にすることは叶わなかった。停留所にいたMETROスタッフに噴水について尋ねると、残念なことに「噴水から水が吹き上がるのは大きなイベントが開催されるときに限定されている」ということであった。

車両デザイン

路面電車車体の外観には横から見るとシルバーをベースに赤と青がアクセントカラーとして用いられ、正面の顔の部分は赤となっている。アメリカ国旗の配色に因んだものかもしれない。均一的な高層ビルの間では映える色調であり、街に活気を生み出している。車体によっては赤と青をより広範囲に用いてカラフルにしているもの、さらにはラッピングで覆われたものもある。

停留所のアート

停留所シェルターは、都心部のトランジッ

トランジットモール夜景

トランジットモールの植栽やオブジェ

連結された２種類の車両

トランジットモールのゲート風モニュメント

トモールのエリアを除くと、白い支柱に透明パネルの屋根とバックパネル、メタル素材のベンチが付属しているシンプルなつくりであるが、そこは、近隣地域からインスピレーションを得たアートのインスタレーションの場となっている。シェルターのパネルに絵が描かれたり、プラットホームに文字やカップのパターンが入っていたりし、停留所ごとに個性ある風景がつくられている。

延伸計画

軌道は道路中央を走り、道路幅が狭いところでは行き先方向別に停留所の位置をずらして配置することで、道路幅に対応している。また、延伸計画もある。現在、都心を通って北と南西を結ぶレッドライン、都心から東へ進むグリーンライン、都心から南へ進むパープルラインの３路線があるが、この内、パープルラインとグリーンライン双方の終点から延伸して、ダウンタウン南東20kmに位置するウィリアム・P・ホビー空港とつなぐ計画である。しかしながら、都心部での高層ビル群に目を向けると、その間には高層パーキングビルもいくつも目に入る。路面電車が整備された欧州諸都市での都心の、駐車場が地下化されていて地上ではほとんど目にしない様子とは大きく異なる。

また、ヒューストン都心には、都心に樹立する高層ビル群を地下でつないだ総延長11kmにわたる地下通路システムもある。暑い日や雨の日に快適な歩行空間を提供し、路面電車とともに、まちなかの歩行を中心とした移動を容易にしている。

1.8　kmのトランジットモールのあるまち　ダラス

ダラスはヒューストンと同じくテキサス州であるが、州北部に位置し、アメリカの拠点的空港であるダラス・フォートワース国際空港と都心は路面電車オレンジラ

洒落た停留所

停留所プラットホーム

インで直結している。

ダラス・フォートワース国際空港からDART（Dallas Area Rapid Transit）と呼ばれるLRTに乗って約1時間、都心に近づくと、周囲から車の姿が少なくなり、都心ビジネスエリアのモダンな高層ビルの谷間につくられた長さ1.8kmのトランジットモールに入って行く。道路幅によって、ゆったりと広く歩道が確保されているところがあれば、そうでもないところがあるが、1.8kmという長距離にわたって自家用車を排除し、街路樹や植栽、ところどころにはオブジェも配置し、いろいろな人が行き交い活気のある、街の風景がつくり出されている。

トランジットモールへの分岐

高層ビルの間のトランジットモール

トランジットモールでは路面電車が走行していないときには軌道空間は開けた空間となり、高層ビルに挟まれてたとえ道路幅が狭くても視界の広がる場所となることができる。このダラスのトランジットモールでも、これによって都心にゆとりのある風景をつくり出していると思われる。

ちなみにテキサス州で最初に高層ビルが建てられたのはこのダラスである。

トランジットモールのオブジェ

トランジットモールの様子

地下の停留所

路面電車は一部地下を走っているところもある。その中の拠点的停留所ではアーチの大屋根で一部覆われてはいるが、頭上がオープンになっていて、天空が見える。側壁となる法面の一方には広範囲に植栽が施され、他方の壁面とプラットホームにはタイルのアートワークが入っている。そして地上にはバス停留所があるのだが、そこにも路面電車プラットホームと同じタイル模様が引き続き用いられ、リンクした停留所としての一体感が感じられる。

終点の停留所もアーチを描く大屋根で覆われている。隣接するパークアンドライドとの境界には細長い少々和風の植栽空間がつくられ、また、二輪車を覆ってしまうユニークな駐輪装置も設置されている。

3種類の路面電車

ところでダラスには、DART rail 以外に、Mライントローリー、ダラスストリートカーがあり、これら三つの異なるタイプの路面電車が役割分担しながら走っている。DART

地下停留所から地上に出て

地下停留所

終点停留所の大屋根

地下停留所の植栽とタイルワーク

rail は都心と郊外の各方面を広範囲にカバーし、ダラスストリートカーは都心の主要鉄道駅とダラス近郊の歴史的地区をつなぐ。Mラインマトローリーはギャラリーやブティックの並ぶエリアと都心北部のアップタウンとを都心を走り抜けながら結び、さらにアップタウンで Dart rail ともつながっている。モダンなデザインの DART rail、ダラスストリートカーに対してこのMライントローリーは、かつてダラスや他都市を走っていたクラシックなビンテージ車両を手入れして走らせている。車両のインテリアは暖かみのある木材の仕上げ、そして終点には方向転換のための回転台もあり、ノスタルジックな雰囲気を醸し出している。三つのタイプの路面電車が走行していることがこのダラスのまちの風景に独特の雰囲気をつくり出している。

ダラスは人口約130万人の大都市で、都市人口としてはヒューストンの6割ほどであるが、広域都市圏人口ではヒューストン都市圏とほぼ同規模になる。2014年に念願だったダラス・フォートワース国際空港（DFW）への乗り入れを果たしたDART

ダラスストリートカー

ユニークな駐輪装置

Mラインの外観

DART rail

は団扇をつくっており、今でもＤＡＲＴのオフィスで販売している。

国際空港乗り入れ記念うちわ　その１

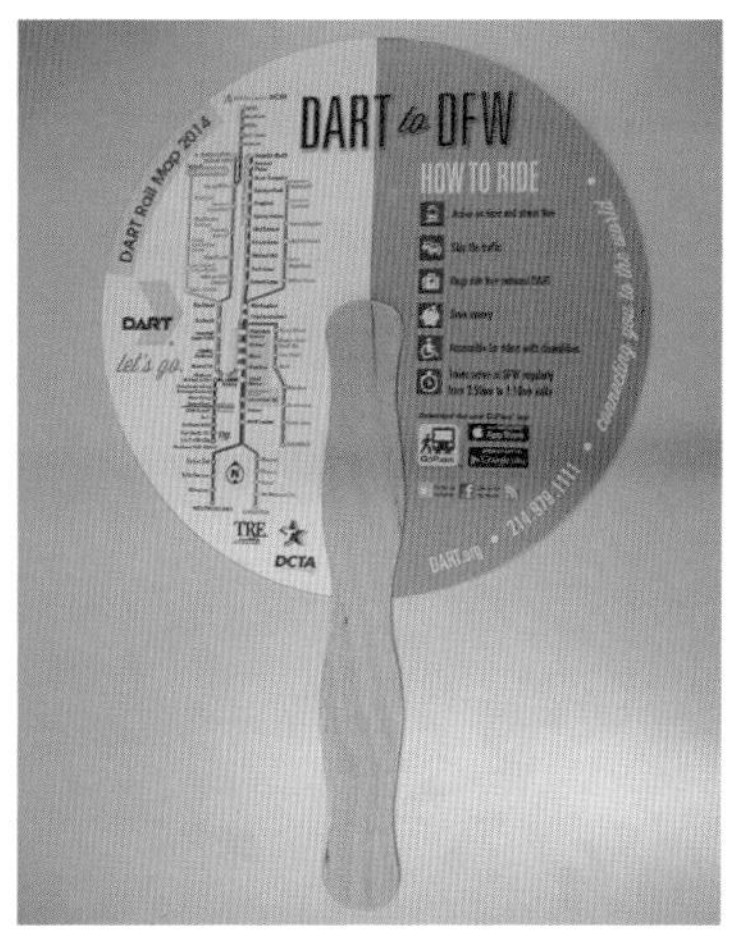

国際空港乗り入れ記念うちわ　その２

Ｍラインのインテリア

Ｍラインの回転台

立山連峰を背景に走る電車

Toyama ◆ 富山

日本で唯一の新規開業路線を持つ都市

日本にも路面電車の走る美しい風景のまちは多い。しかし、この30年程度の間に新しい路線を開通させた路面電車を持つ都市は富山市しかない。富山市では、２００４年に富山ライトレールが開通した。富山ライトレールは元々ＪＲ西日本の路線である富山港線を利用・改良して、低床式の路面電車車両を走らせてできたものである。そのため、延長7.6 kmの大部分は道路とは別のところを走る専用軌道を有し、そういう点では路面電車区間は少ない。しかし２０２０年にそれまでの終点富山駅北から富山駅高架下まで約0.1 km延伸して、従来から富山市街地を走行していた路面電車である富山地方鉄道市内電車区間（富山軌道線）と接続したことを契機に、富山地方鉄道富山港線として吸収され一体化した。なお、富山軌道線では富山ライトレールと一体化することを考慮して、２００９年に富山ライトレールと同一車種の低床式車両が導入されていた。

このように富山市の路面電車は、本章で紹介してきたほかの欧米諸都市のようにすべてが新設されたものではないが、比較的長い路面電車区間が新規開業したものとしては日本で唯一の例であるので、本章で取り上げる。

富山市の風景と路面電車

富山市を代表する自然景観の一つは立山連峰の眺めである。剱岳、立山三山など３０００ｍ級の山々が連なるさまは雄大である。立山雄山や剱岳などは古くからの信仰対象でもあり、富山のまちの風景にとけこんでいる。見出し写真にも掲載したが、富山の路面電車もまた立山連峰を背景として走り、雄大な景色を盛り立てるものの一つとして風景を形づくっている。富山大橋は、雄大な立山連峰と電車をともに見ることができるスポットの一つである。また市内のあちこちでも立山を見ることはでき、富山市は松本市と並んで大きなまちの中心部でアルプスの望める都市として有名である。

富山市を代表するもう一つの風景は富山城である。城下町としての歴史を持つ多くの都市がそうであるが、城址周辺には官庁、公園、各種公共施設などが広がり、城址が都市のシンボルとなっている。富山城を背景に走る路面電車もまたシンボルの一つとなっていて、通学や買い物など人々の日常の足として活躍している。夜になるとお城もライトアップされ、夜景も大変美しい。

路面電車で行くことのできる富山の見どころの一つは岩瀬浜である。見出しの写真は岩

立山連峰と路面電車（富山大橋）

立山連峰と路面電車（国際会議場前）

新型車両と旧型車両

瀬浜駅近傍であるが、岩瀬浜駅に近い大町通り沿いには、かつての北前船の廻船問屋の森家など、古い町並みが保存されている。電車で岩瀬浜まで来て、二つ先の東岩瀬の駅までぶらぶらと散策するのもおもしろい。東岩瀬の今は使われていない旧駅舎もきれいに保存されていて、一見の価値はある。

まちの風景を変える電車

路面電車は基本的には、鉄やガラス、プラスチックなどでできた大きな無機質のかたまりである。最近の車両は、丸みを帯びた形状、明るい色使いなどまちを通る際の威圧感を減少させるためのデザインとなっている。それでも、車両とまちの景観の親和性を高めるために、その二つをつなぐクッションがあるといい。その役割を果たすのが花や並木などの植栽である。欧州の都市でも、線路に沿って花壇や花飾りを設けているまちは多いが、富山市でも停留所や沿線に花飾りや花を植えたりしている。特に、旧富山ライトレール沿いには花飾りや線路沿いの花壇が見られ、しかも季節によって咲いている花が違うのがおも

森家住宅

富山城と路面電車

岩瀬の町並み

富山城と路面電車（夜景）

しろい。おそらく地元の人が手入れされておられるのであろう。

電車が通るとまちが花でいっぱいになる。

停留所は、路面電車システムがまちの風景に影響を与える構成要素の一つである。日本の多くの都市では、路面電車の停留所に意匠を凝らしたものは少ないが、富山市の最近つくられた富山港線や環状線の停留所は、沿線企業・団体からの基金によるパネルの展示がなされている。これらのパネルは、停留所のある地区の特色を出すなどさまざまな工夫が見られる。また、停留所の椅子一つずつに資金的に協力したサポーターがいて、停留所パネルにバッジが付けられている。このように、停留所は地域・地区のものであるという精神から、運行企業だけの資金に頼るのではなく、地域・地区からのサポートにより停留所がつくられているのが富山市の特徴である。

パブリックアートに相当する工芸品展示も沿線で行われ、たとえば国際会議場前電停付近では、そばにある富山市ガラス美術館の手になるガラス造形の展示がなされたりしている。展示される工芸品は時期によって入れ替

ひまわりと路面電車

東岩瀬駅

けしの花と路面電車

旧富山駅北電停付近

えられる。以前展示されていたものの中では、ガラス玉の中に路面電車が映り込むようにしてあったものがおもしろい。

市街地をにぎやかに

２００４年の旧富山ライトレール（現富山港線）の開通や、２００９年の都心線（環状線）の開通と軌を一にして、中心市街地の活性化策の一つとして総曲輪にグランドプラザがオープンした。これは、大きなガラス屋根を有した全天候型の野外広場であり、イベント会場としてあるいは総曲輪地区の買い物客のためのフリースペースとして活用されている。グランドプラザ前には都心線の路面電車が通り、巨大なガラス主体の構造物とモダンなデザインの電車の組み合わせは新たなまちのにぎわい創出のシンボルをつくり出している。

富山駅は北陸新幹線の開通に伴い大幅なリニューアルがなされたが、それに合わせて駅北側を走っていた旧富山ライトレールと南側の富山地方鉄道市内電車区間が、富山駅のところで接続した。日本の大きな駅では、その正面背面をつなぐ通路が

東岩瀬電停の地元酒造メーカーによるパネル

国際会議場付近のガラス工芸品展示

停留所椅子のサポーターを示すバッジ（国際会議場前電停）

不十分でその他の交通の分断要因になっていることが多いが、富山市では二つの路線区間がシームレスに接続することにより、駅南北の電車の通行がきわめてスムーズで利便性の高いものになった。また、富山駅電停は、新幹線、在来線、地方鉄道、自動車、バス、路面電車など各種交通、各方面への重要な交通結節点として機能し、多くの人出によって富山駅に新たな都市風景をもたらしている。

グランドプラザの七夕かざり

路面電車が映り込んだガラス玉
（上下逆に写っているものを正像化）

富山駅電停

グランドプラザ前を通過する電車

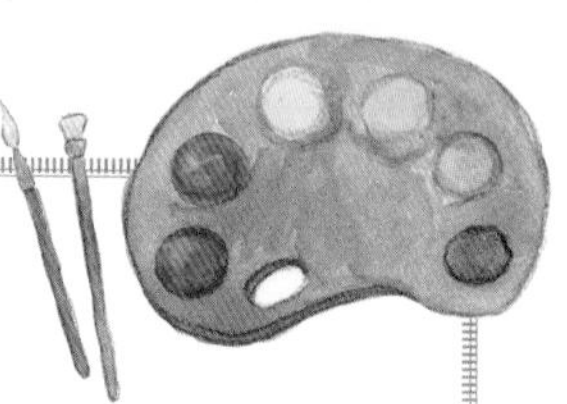

コラム

アメリカ・ポートランドの路面電車

　アメリカは自動車大国ではあるが、一方あちこちの都市で新しい路面電車が走っている。ここでは、オレゴン州ポートランドのＬＲＴを紹介しよう。

　1章で紹介したダラスではＭライントローリー、ダラスストリートカー、DART Railの3タイプが役割分担して走行していることを紹介したが、アメリカ、オレゴン州のポートランドでも同様に、都心と郊外を結ぶＭＡＸ、都心部を走行するストリートカーという2タイプが見られる。

　この二つを比較すると、車体規模が大きく異なる。ＭＡＸは車体が大きく長さもあるが、ストリートカーは小ぶりで長さはその半分である。ここで大事なのがポートランドの都市構成の特徴だ。ポートランド都心部は格子状のブロック（街区）で構成されているが、１街区の寸法がアメリカの一般的な長さの約半分の２００フィート（約61ｍ）、大人の足で

街区を走る MAX

MAX

街区を走るストリートカー

ストリートカー

あれば1分ほどで歩ける距離となっている。街区が小さいということはオープン性の高い交差点に頻繁に出るということであり、その都度、人の視界も開ける。そのようなまちなかを路面電車が走るとはどういうことになるのか、想像してみよう。

長いMAXが通ると、通りを大きく占領するような印象を受けるが、その半分の長さのストリートカーが通ると、小さな街区になじんでいるように見える。

公園の中を走っても、ストリートカーならば違和感なく受け入れられる。

また、ポートランド都心部では一方通行としている通りが多く、それだけ路面電車が通っている時間も短縮され、まちの風景としては空間が開けている時間が長くなる。

さらにポートランドでは、「空中トラム」という空中ゴンドラがあり、山手にある研究施設などと都心を結んでいる。この丸い空中ゴンドラもまちの風景を引き立てるスパイスになっている。

公園の中のストリートカー

空中ゴンドラ

空中ゴンドラからの景色

空中ゴンドラの山手側の駅

第2章
既存風景にとけこむ

風景の要素としては新参者の路面電車が、昔からそのまちにある独自の風景にうまくとけこむことは重要である。既存風景のひとつは、山や海などの自然景観である。自然景観は規模も大きくずっとそのまちにあるものなので、まちのアイデンティティともなっている。次に、教会、王宮、城等の歴史的建物がある。これらは、ランドマークとも呼ばれるようにそのまちらしさを生み出す重要な要素である。さらに、どこにもそのまちの雰囲気を醸し出し、人々の暮らしを彷彿とさせるまちなみがある。

新しい路面電車は、これらの既存風景にどううまくマッチし、どんな彩りを添えているのか、色んな事例を見てみたい。

2-1 自然景観の尊重

(1) 山

第1章で、立山連峰を背景に走る富山の路面電車の例を見た。このように、自然景観の一つである美しい山岳風景と新しい路面電車の組み合わせの見られる都市を、いくつかあげる。

フランスのグルノーブルでは、今から50年以上前の1968年に冬季オリンピックが開催された。その記録映画のテーマ曲である「白い恋人たち」(フランシス・レイ作曲)はポピュラーな曲なのでご存じの人も多いだろう。グルノーブルは冬季オリンピックが開けるような雪の多い都市である。アルプス山脈の麓にあり、まわりは岩山に囲まれ、遠方にはモンブランをはじめとするアルプスの山々が望める。グルノーブル駅前からは、シャルトルーズ山脈につながる特徴的な断層のある岩塊の山を背景に、路面電車が走っているのが見える。いかにも山岳都市グルノーブルといった風景である。車体の色使いにも岩山に通ずるところがある。

グルノーブルの山岳風景をもっと楽しみたければ、小高い丘の上のバスティーユ砦へ行くとよい。バスティーユ砦へはバブルと呼ば

グルノーブル駅前

市場前

グルノーブル駅前

れるゴンドラが運行していて、上に登ると周辺の山々の雄大な眺望、あるいはグルノーブルのまちが一望でき、路面電車が走っているのも見える。

スペインのグラナダもシエラネバダ山脈など三方を山に囲まれ、山岳美を楽しめるまちである。シエラネバダ山脈は、スペイン

アルハンブラ宮殿とシエラネバダ山脈

ゴンドラ

バスステーション前

バスティーユ砦から見える路面電車

グラナダ郊外

を代表する山脈であり標高３０００ｍを超える山々が連なっている。グラナダの丘陵地区にある世界遺産のアルバイシンの小高い丘から有名なアルハンブラ宮殿を望むと、シエラネバダの山々を従えるかのようである。

グラナダの周辺は、シエラネバダ山脈も含めて緑に乏しい。緑の多くは人の手によるもので、緑の木々はいわばオアシスのようなイメージがある。市内のあちこちで山々を背景に走るグリーンカラーの路面電車は、オアシスを感じさせてグラナダに似合っている。

(2) 海

スペインのアリカンテは地中海に面した都市である。ロッソ・アリカンテと呼ばれる赤い大理石が切り出される地としても有名である。ここを走っている路面電車は、ロッソ・アリカンテを模したようなオレンジ色のマスクと、アリカンテのＡの文字が配された車両デザインである。海に沿って走る電車は、海の青と車両のオレンジ色との対比が目にも鮮やかである。線路の向こう側は海水浴場になっていて、海水浴やヨットセーリングの客であふれている。海のそばの停留所は、赤茶けたむき出しの岩肌を切り出したところに黒い配色がなされており、空、岩肌、停留所、車両と色彩的にも大変印象的である。

フランス、モンペリエも地中海に面した都市であるが、電車の背面の海は干潟と

地中海沿いを走る電車

岩場を切り出した停留所

海水浴場の停留所

なっている。モンペリエからスペイン国境近くのペルピニャンまでの１００km以上にわたって、干潟が続いている。干潟では、カキやムール貝が盛んに養殖され、モンペリエで食べるカキ、ムール貝はおいしい。干潟沿いに路面電車は走っているが、海を象徴するように車両の外装には魚、ヒトデ、タコなどの海洋生物が図案化されていて、大変ユニークである。車体単体で見れば、なんとも派手であるが、いつも天気が良くて青い空、青い海の地中海沿岸を走ればみごとに地域状況とマッチしているのがおもしろい。電車のデザインの善し悪しは、沿線の風景といかにマッチするかで決まる。車両の窓ガラスを通して見る海も美しい。

ブレストは、フランスのほぼ最西端にあり大西洋に面した軍港都市である。第二次世界大戦中はドイツに占領されていたため、ノルマンディー地方の他都市と同様連合軍の空襲で破壊され、現在もフランスの地方都市としては古い建物や遺跡は少ない。横須賀の姉妹都市でもある。路面電車は市街地部から海に向かってほぼ直線的に延びている。高所から見た写真ではその様子がよくわかる。線路は、海に向かって延びていき、海岸の手前でほぼ直角に右に曲がっている。この写真の右側に見えているのは、海を渡る軌道・自動車橋（ルクヴランス橋）の巨大な橋脚である。

すでに1章で紹介したが、フランスのル・アーブルは港湾都市であり、終点駅のル・プラージュからは夕日の沈む海を見ることができる。

海洋生物をモチーフにデザインされた車両

車両を通してみる海

海沿いを走る電車

マルセイユはフランス最大の港湾都市であり、路面電車も海にちなんでヨットがモチーフとなっている。船乗り帽子をかぶった船長さんのようにも見える。残念ながら海を背景に路面電車が走っているところはマルセイユにはないが、港近くの適当な停留所を降りて歩けばすぐ海に出ることができる。

港から見える丘の上のビザンチン様式のノートルダム・ド・ラガルド寺院が夕方になると輝いて見える。鐘楼の黄金のマリア像は、船乗りの守り神である。

ブレスト港前

マルセイユの路面電車

海に向かう線路

丘の上のノートルダム・ド・ラガルド寺院

海に向かう線路と橋

〔3〕その他

山、海以外の自然景観としては、湖、川、原野などがある。湖畔沿いを走る路面電車はあまり多くはない。ここでは、開通年はやや古く基本的には本書の対象ではないが、あまり他に例もないので、スイスのチューリッヒ湖畔を走る路面電車を紹介する。

川との関係では、川と並行に走る路面電車の代表例はネルビオン川沿いを走るビルバオ（スペイン）の路面電車である。それ以外には川沿いを走るものはそう多くはない。それよりも橋を通って川を横断する電車は非常に多い。その場合、古くからある橋にせよ、路面電車を通すために新しくつくられた橋にせよ、自然景観とはいえないので橋と路面電車の関係として別項で紹介する。

それ以外の自然景観としては、農地、原野などがある。停留所の周辺が原野というところはあるが、基本的に路面電車は市街地部を中心に走行する乗り物なので、原野は路線終点付近に未開発地として残っているだけである。これについては、第3章の郊外開発のところで紹介する。

チューリッヒ湖畔を走る電車

ネルビオン川沿いを走る電車

2-2　歴史的建造物との調和

路面電車は主に市街地部を中心に運行している。そのため、まちの中心部にあるいわゆるランドマークである大聖堂や寺院、城、宮殿などの歴史的建造物との接点が多い。それらとどのように調和を図っていくのかは重要である。第1章で示した世界遺産であるセビーリャの大聖堂前を走る路面電車はその典型である。

ビトリアのサンタマリア教会前を走る路面電車を紹介する。電車の外装ははっきりした黄緑であるが、ビトリアは都市内に森や街路樹が多く緑が非常に豊かなまちなので、古い石造りの教会にもマッチしている。

次にストラスブールの大聖堂を背景に橋上を走行する電車である。ベージュ色の大聖堂に対して、グレーの車両は違和感なく風景にとけこんでいる。

スペイン、サラゴサのピラール聖堂（正式名称は、ヌエストラ・セニョーラ・デル・ピラール聖堂）は、サラゴサのシンボルである。ピラール聖堂をはじめとしてサン・サルバドール大聖堂、市庁舎、取引所などの歴史的建造物が集まるピラール広場は、サラゴサ一番の観光地である。そばを流れるエブロ川の橋の上を路面電車は走る。路面電車に乗りながら、あるいは電車を降りて歩いて橋を渡ると

ピラール聖堂

サンタマリア教会

ライトアップされたピラール聖堂

ストラスブール大聖堂

ピラール聖堂の独特の風景が楽しめる。夜になればピラール聖堂はライトアップされ、夜景も美しい。もちろん夜になっても路面電車は走っていて、暗いので静止画の写真に写し止めるのは難しいが、動画ならばグレーに赤い線の車体とライトアップされた聖堂との対比を美しく記録することができる。

ボルドーの路面電車B線が走るヴィタル・カルル通りの正面に、世界遺産であるサンタンドレ大聖堂がある。この通りのこの区間は自動車の通行が規制されており、のんびり歩いていくのもよい。正面から見えるゴシック建築特有のバラ窓が目を引く。

ナントにあるブルターニュ公爵城の前の公園は、2015年にリニューアルオープンし、人々の憩いの場となっている。また薄く水が張られてできた水鏡が、城と電車のリフレクションを浮かび上がらせている。

日本の新設路面電車では、富山城を背景に走る路面電車風景がある。

サンタンドレ大聖堂

ブルターニュ公爵城前の水鏡

ブルターニュ公爵城前の停留所

富山城

これら以外にも各都市には、ほかの歴史的建造物も多い。それらを順不同に紹介する。

ロンシャン宮前を通過するのは、マルセイユの路面電車である。ロンシャン宮は現在は美術館、博物館となっている。

モンペリエのコメディ広場には、オペラ座やカフェ、レストラン、移動式メリーゴーラウンドなどがある。この広場は路面電車のターミナルともなっていて、色んな方面からの電車が入ってくる。モンペリエは海に面した町だが、それを象徴した青色にウミツバメをモチーフにした電車は、地中海特有の青い空とシンクロしてこの広場に似合っている。日が暮れるとオペラ座がライトアップされ、夜景も美しい。

フランスのブザンソンの中心部にある広場に面した地方音楽院の建物は、西暦1720年に建てられたものである。現在も使用中のシックな建物と停留所にたたずむ薄青色の路面電車が、芸術都市のブザンソンをうまく表現している。

凱旋門というとパリを思い起こすが、欧州のあちこちのまちに凱旋門はある。ボルドー

ライトアップされたオペラ座

ロンシャン宮

ブザンソン地方音楽院

コメディ広場のオペラ座

のアキテーヌ門もその凱旋門の一つであり、世界遺産となっている。ビクトワール広場に面していて、その横を電車が通過する。路面電車はもちろん最近の設計であるが、何百年も前の遺跡と違和感なく並立する丸みをおびた車両、柔らかな形や、やや沈んだ色使いのデザインに感心する。地中海に面した明るい景色のアリカンテやモンペリエのような派手な色使いではないが、落ち着いたデザインによって、周りの風景と協調している。

ストラスブールには先にあげた大聖堂以外にも、歴史的建物がいくつかある。ここでは、国立劇場前を走る路面電車を示す。

ポルトはポルトガル第二の都市で、ポートワインで有名なワインの集積地である。市内ドゥエロ川に架かるドン・ルイス一世橋は上下二段の橋で、上部は電車が、下部は自動車が通る構造である。上下ともに人が歩くこともできる。写真の車両の背景はセラドピラール修道院である。この橋と聖堂修道院は、ポルト歴史地区として世界遺産に登録されている。この橋を歩く人々が橋の下を覗き込んでいる。橋の下を流れるドゥエロ川には、かつ

アキテーヌ門

ドン・ルイス一世橋とセラドピラール修道院

国立劇場

橋から下を覗き込む人たち

て樽詰めのワインを運んだラベーロ船が歴史的遺産として係留されており、観光客を集めている。

スペイン、カディスの路面電車は、2021年現在建設中である。途中の小さなまちサンフェルナンドでも、古い教会の前を線路だけが敷かれており、完成したあかつきにはこのまちの歴史的建造物の前を通る路面電車の姿が見られることであろう。

多くのまちで、大規模な施設や建物がつくられるとき、まわりの景観にそぐわない、このまちには似合わないなどの批判が出ることがある。しかし、ここであげたまちの路面電車はどれも歴史的遺産とよく調和している。新しい路面電車計画が立案されるとき、当然デザインの専門家が車両、停留所、軌道・架線なども含めたシステムとまちの風景との親和性を考慮して設計を行う。その際、行政や事業者のみで決めるのではなく、デザイン会議や市民投票など市民に開かれたデザイン選択・決定システムを用いたところが多い。そうしたことが、そのまちの大事な歴史遺産と新しい電車との調和につながっているものと思われる。

樽詰めワインを運んだラベーロ船

サンフェルナンドの古い教会

線路の敷設工事例（ル・マン）

2-3　既存のまちなみへの順応

路面電車を新設する場合、市街地部では既存の比較的広い道路を用いたり、狭い場合は道幅を広げたりして線路が敷設される。余地がある場合は、既存の用途を変更して新たに線路用として用地が確保されることもある。多くの場合、自動車用の車線を減少させたり、場合によっては通行の規制が行われたりする。

都市交通や都市の環境、経済、生活に路面電車が役立つと考えるならば、これまで自動車が多くの割合を使ってきた道路空間を、路面電車に再配分することが根本的な考え方である。路面電車は歩行の有用な補助機関なので、路面電車優遇は歩行者優先にもつながる。

しかし、自動車の規制を強めることは渋滞や個別交通に関わる交通利便性の低下など、種々の新たな問題を生じる可能性もあり、自動車社会においては社会的合意もむずかしい。そこで、道路の余地が十分にない既存のまちなみがあるところでも、さまざまな工夫によって路面電車を通している事例があり、それをここでは紹介する。そのことがまちの風景によい影響をもたらしている。

従来からあるまちなみを特に改変することなく、新しくつくられる軌道がうまく順応するためには、狭い道をうまく活用したり、可能なところでは違う空間を利用したりする。基本的に路面電車の軌道は道路敷地内に敷設されるものであるが、既存のまちなみが狭隘であったり、歴史的価値が高くて線路敷設が困難な場合には、その歴史的なまちなみを迂回して線路が敷設されたり、場合によってはその区間を地下化するなどの方法が採られることもある。

(1) 狭い通りでの工夫

たいていの場合、既存のまちなみは古くから存在するため、道路や沿道の使われ方

古い家と電車（アンジェ）

は固定されていて、新たに路面電車用の線路を通すにはさまざまな工夫がなされる。

フランス、アンジェの車両は、レインボーカラーのモダンな色使いであるが、古い町でもアイボリー、グレー、レンガの赤茶色、オープンカフェのパラソルの色など、さまざまな色が沿道にあり、車体の7色が案外フィットしている。アンジェのまちの道は狭く沿線ギリギリに家が建っているが、車両の形も丸みを帯びていて、威圧感が少ないこともまちなみに調和している一因であろう。

アンジェの中心にある広場から抜ける道沿いには色んな商店が並んでいる。後年、広い道路に新規路線を回すまでは、このような狭隘区間を抜けていくしかルートがなかったため、自動車の通行規制、線路の単線化、架線なしという三点セットの方策を実施し、沿線商店街と歩道にはしわ寄せが行かないように電車を通している。

アンジェは郊外に出ると道が狭く、かつ自動車が迂回できる別経路もないため、既存の道に通した路面電車と自動車が軌道区間を共用している。また、停留所をつくるスペースもないた

歩道上に停留所（ランス）

狭い道を通る電車（アンジェ）

歩道上に停留所（ブレスト）

停留所を兼ねたカフェ（アンジェ）

めに、沿線のカフェ前のスペースが停留所を兼ねている。人が乗降する間は追い越す余地もないので、自動車もおとなしく待っている。

道路側方に余裕がないため、歩道や沿道建物をうまく活用して停留所を設けている例は多い。フランス、ランスでは、元々自動車が通る道路だったものを、路面電車と自動車と両方通すだけの十分な余地がないために、この区間は路面電車を優先することとし、自動車の通行規制を行い、歩道上に停留所を設けている。ブレストでも同様である。

道は狭いが、自動車を規制することもできないなかで、停留所を工面した例がオルレアンである。電車が来るまでの間は、乗客は沿道建物の軒下が停留所の役割を果たし、そこで待つことになる。ところが電車が近づくと、乗り場の向こう側の遮断機が下りて、これまで通行していた自動車が通れなくなると同時に、待機していた乗客が道路上に現れる。乗り場のように見えるスペースは自動車用の車線で、電車がいないときは自動車が通れるようになっているが、電車が近づくとこの遮断機が下りて人が乗降するときの安全を確保している。日本では見られ

トランジットモール（ビトリア）

沿道建物軒下で待機する乗客

トランジットモール（ル・マン）

車道上の遮断機

ない変わった風景である。

路面電車を通すために全区間にわたって十分な幅員を確保することはむずかしい場合、多くの都市で行われているのは、自動車を規制することである。こうすることで特に道路を拡幅しなくても複線レールを確保でき、従来からの沿線建物もそのまま維持できる。中心市街地の商業施設が集積していて、しかも自動車が迂回できる道路がある場合、路面電車やバスなどの公共交通だけを通行させて、人々が安全・安心に歩けるようにしているところがある。これをトランジットモールと呼んでいる。

ビトリアの市街地では、従来の2車線道路から自動車を規制して複線レールを敷いている。歩道との軌道との間にはボラードが設けられているが、柵やガードレールのように横断が妨げられているわけではない。ル・マンの商店街地区も、沿道に用がある車を除いて一般車の通行が規制され、軌道2車線が確保されている。これらはいずれもトランジットモールである。

ほかにも、2-2で例をあげたボルドーのヴィタル・カルル通り、前述のアンジェの商店街通りやランスの歩道に停留所を設けた通りもトランジットモールの例である。

郊外でよく見られる住宅街では、都心部とは異なりマイカーの規制は簡単ではないため、これはブザンソンの例であるが、電車と自動車とで1車線ずつ分け合っ

住宅街の道（ブザンソン）

狭い道（グラナダ）

狭い道（マルセイユ）

て走行している。

フランス、マルセイユの裏道を入ったところでは、かなり窮屈な道路に複線レールが敷かれていて、沿線住民や配達用自動車のみが許可されてこの区間に入り込んでいる。

スペイン、グラナダの下町地区では、道路が狭隘で線路敷設の余地が極めて少ないので、自動車規制、単線、架線なしの三つの対策で路面電車を通している。

(2) 旧市街地を迂回

旧市街地に線路敷設の余地がまったくない場合は、旧市街地を迂回するように路面電車が通される。ただし、旧市街地に行く場合の利便性を確保するために、主要な出入り口のところに停留所が設けられる。

第1章で紹介したビルバオは、ネルビオン川沿いの新規開発地の中心部には路面電車が走行しているが、中世からのまちなみが残る旧市街地自体には入ることはできず、周縁部の主要地に停留所が設けられている。旧市街地の停留所の一つ、リベラ停留所は沿線建物のコロネードの通路のところにあるが、その天井には絵が描かれていて電車を待つ間こう

ビルバオ旧市街地のアチュリ停留所

ゴドゥラン停留所

リベラ停留所の天井画

いうものを眺めているのも楽しい。

フランス、ディジョンもまた旧市街内に電車は走っていない。なので、残念ながら旧市街の中のほうにあるサン＝ベニーニュ・ド・ディジョン大聖堂や、ノートルダム教会などの美しい遺産を背景にして電車が走る姿を見ることはできない。その代わり、ゴドゥランやレピュブリクなどの旧市街地への入り口になっている停留所から歩けば、旧市街地やそれらの歴史的建造物にすぐに到着できる。

グラナダも旧市街地にはさまざまな古い建物やまちなみのあるところであるが、街路は狭く、いたるところ一方通行となっているまちである。そこで、旧市街地部を通過するときは地下、すなわち地下鉄となっている。地下駅は路面電車の停留所とは呼べないような立派な駅である。地元では、トランビア（路面電車）ではなく、メトロ（地下鉄）と呼んでいる。グラナダの人々にとっては、トランビアよりもメトロのほうが格は上らしい。

フランス、ルーアンも旧市街地の道は狭く、郊外側からセーヌ川を抜けてからトンネルを通って地下鉄となる。なお、モネの絵にもなっ

グラナダ市街の様子

レピュブリク停留所

グラナダの地下駅

旧市街地への入り口（ディジョン）

たルーアンの大聖堂は旧市街地にあり、地下鉄区間の駅から歩いて行くことになる。ルーアン大聖堂で毎年夏に行われるプロジェクションマッピングは、かなり凝っていて場面数も多く見どころである。

地下区間から出てきた電車（ルーアン）

ルーアン大聖堂のプロジェクションマッピング

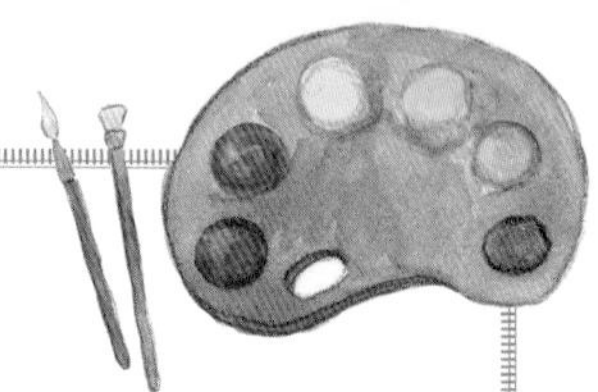

コラム

窓から見える風景

地下鉄と鉄道と路面電車の違いは何だろう？その速度や輸送規模、路線規模、どことどこを結ぶのかなどに追加して、窓からの眺めという点をあげることができる。地下鉄は地中の閉じられた筒の中を走行するので、風景というものは特にない。鉄道には風景は付いてくるが、道路とは別の所を走り、近景は走行速度が速すぎてよく見えず、少し向こうの景色や遠景となって初めて楽しむことにできる。

これらに比べて、路面電車は道路上をゆっくり走るため、街路の様子をうかがうことができる。特に本書で取り上げた路面電車の大部分は超低床式であり、電車の椅子に座ると目線の高さが、ほぼ外の道を歩く人のものに近い。そのため、電車に乗りながら歩いて景色をみることの疑似体験ができる。

ぼーっと眺めていてもよいし、気になるカフェが見つかれば、停留所間距離が短いので次の停留所で降りてちょっと寄っていくこともでき、車内から観光もできる。欧州の路面電車は時間制運賃のところが多く、一定時間の間なら1枚の切符で何度でも乗り降りできる。そのため、降りて立ち寄ってまた乗車する、ということも気軽にできる。気になるお店が目に

広場を眺める（ダラス）

カフェが気になり降りてみた（ブザンソン）

窓から眺めるまち（ディジョン）

水辺のボートを眺める（ナント）

入ると、ちょっと降りてショッピングしてみようかという気にもさせる。
沿線の気持ちよさそうな公園が目に入ると、途中下車して一休憩したくなる。路面電車の横をいく馬車が見えると、その観光馬車が気になってくる。また、都心では沿線建物のファサードに路面電車が映り込んだりしていて、あっ、自分が乗っているビンテージ車両だと気づいて写真を撮ってみる。余談になるが、リスボンのビンテージ車両といえば、リスボンの車両も魅力的なのでここに掲載しておく。本書の対象外ではあるが、路面電車好きならば一度はぜひ乗りたい。

建物外壁に映る路面電車（ダラス）

観光馬車が気になって降り立つ（セビーリャ）

運転席から見た路面電車（リスボン）

こんな狭い道でも（リスボン）

郊外の観光（ブザンソン）

近くで降りて寺院を眺める（マルセイユ）

第3章

まちの改造と新しい風景づくり

路面電車は、渋滞などの交通問題の解決だけではなく、騒音、排ガスの減少や沿線の緑化など都市の環境を改善させたり、人を運んでくることでまちににぎわいをもたらすなどの効果がある。このことから、多くの都市で路面電車開通に合わせて、駅前や広場の歩行空間の充実、さまざまな公共施設の建設、沿線の開発なども路面電車新設のプロジェクトに組み込まれた。「風景」という観点から見れば、路面電車は既存の風景に合わせるように作られるだけではなく、開通に合わせてまちの改造が進み、それに伴って新たな風景を創り出した。ここではそれらの事例を見てみる。

3-1　公共空間の歩行エリア化

路面電車新設とまちの改造をセットにした事例は多い。

大々的に都市改造した例としては、第1章であげたビルバオがその典型である。重工業で栄えたビルバオは、1980年代に斜陽化し、まちの中心部を流れるネルビオン川も工場排水などで汚染されていた。それを、20世紀末から21世紀初頭にかけて、世界中の芸術家や建築家によるさまざまな建築物や造形を導入し、浄化されたネルビオン川沿いに遊歩道、自転車道、公園およびそれらをつなぐ基幹交通としての路面電車を通して、まち全体を新たな芸術都市・観光都市として再生させてきた。芝生で緑化された軌道、軌道沿いの並木など川と線路に沿ってグリーベルトをつくり上げ、廃れた工業都市だったとは思えない緑豊かで開放感あふれる風景を生み出している。

ビルバオほどには大規模ではなくても、主要鉄道駅前や広場などの公共空間から自動車を排除して安全・安心に歩ける歩行エリア化して、歩行と親和性の高い路面電車をその空間に導入した都市は多い。同じく第1章で紹介したル・マンもその一例である。多数の都市の駅前には自動車が入り込んでいるが、かつてのル・マン駅も同様の状況であった。そこで計画担当部局は駅前から自動車を一掃し、歩行者と路面電車のみが通れる駅前広場を創出した。また、リュプブリック広場は、以前はまわりを道路が取り囲む巨大なラウンドアバウトを形成し、広場へ行くためには自動車の走行する街路を横断する必要があったものを、自動車を排除して路面電車のみが通行できる歩行ゾーンとした。

それ以外の都市で、路面電車開通に合わせて歩行空間化した例を見てみよう。ナントでは、ブルターニュ公爵城前の公園と城に挟まれた空間に路面電車が走っ

リュプブリック広場停留所

開発されたネルビオン川沿の地区

ている。路面電車の停留所はこの東側にあり、公爵城からこの公園にかけて広大な歩行空間となっている。

公園は大規模な整備が行われ、２０１５年に完成した。工事前と工事後の情景を示す。

ニース観光の中心地であるマセナ広場は、タイルのような模様で彩られていて、噴水や柱の上の像で囲まれ、交通機関としては路面電車だけが通ることができる。車は入ってこないので、人々はゆっくり、のんびりと歩くことができる。この広場周辺では、景観保全

公爵城前広場（2015 年、工事後）

マセナ広場

公爵城前広場

噴水と電車

公爵城前広場（2013 年、工事前）

の点から電車の架線がない。人々は、架線に邪魔されない広々とした広場のスカイラインを楽しむことができる。電車はバッテリーを積んでいてこの区間の前後で充電している。

ブザンソンのレボルシオン広場ものんびりと人が歩いていて、そこを電車がゆっくり通過する。日没時には照明や電車のライトが石畳に反射して、だんだん暗くなってゆく広場の散歩が気持ちいい。この写真を見てわかるように、広場と軌道との間に囲いも段差もなく、歩行空間である広場と電車の走る軌道は平面的に一体化したものとなっている。

ボルドーのカンコンス広場はまるで森林公園のようである。そこを人々がのんびり歩いたり、ジョギングしたり。ここには以前お城があったが、19世紀にこの形態になった。そこに新たにつくられた路面電車が入ってきている。カンコンスは、路面電車ネットワークの結節点にもなっていて、電車や利用客がたくさんいて、売店などもありにぎわっている。

アンジェのラリュモン広場も、以前は自動車が入り込んでいたが、今では歩行空間として生まれ変わった。自動車は広場の地下の駐

カンコンス広場の停留所

レボルシオン広場

ラリュモン広場

カンコンス広場

車場に入れる。

サラゴサ、ピラール広場横のローマの壁広場も歩行エリアになっていて、路面電車が通っている。車両の背後に見えるのは、サラゴサ市民の台所である中央市場である。欧州の地方都市にはよくこういう立派な建物の市場があって、その地方のおいしい食材が手に入る。市場のまわりはたいてい広場になっていて、路面電車の通っているまちならば、その広場内あるいは隣接して停留所があることが多く、旅行者でも行きやすい。スペイン、フランス、ドイツを旅して、地図でメルカトール、マルシェ、マルクトなどの市場を意味する言葉を見つけたら行ってみよう。空港やホテル、観光地などの観光客向けの土産物店ではないような、おいしくて珍しいものが安く手に入るかもしれない。

列車駅前広場についてもいくつか見ておく。

フランス、トゥールで2013年に新しい路面電車が開通したとき、フランス国鉄（SNCF）のトゥール駅には"SNCF♥Tram"の垂れ幕が掲げられ、路面電車の開通を歓迎していた。路面電車乗降側の駅前広

トゥール駅前の路面電車乗り場

ローマの壁広場

トゥール駅正面

トゥール駅前の垂れ幕

場は路面電車専用スペースとして整備された。トゥール駅はパリのオルセー美術館と同じ建築家の設計であり、正面入り口は重厚で一見の価値がある。正面入り口の方は従来どおり駅前広場には自動車が入ってきており、暗くなってからは、路面電車側の入り口のほうが雰囲気的に安心感がある。

ディジョンヴィレ駅前も、路面電車開通に合わせて停留所が設けられ歩行者エリアとなっている。サンテティエンヌ駅前も同様である。ほかにも、路面電車開通に合わせて駅前広場が改良されたところは多い。

歩行空間化されてはいないが、路面電車の開通に合わせて大規模に駅前を開発し、歩行者動線を整えた例としてリヨンのパールデュー駅を紹介する。駐車場になっているエリアは、現場の雰囲気からまだ開発途上のように見える。2013年に撮影したものなので変わっているかも知れない。この駅前からは、市内用の路面電車（白）と、市内では路面電車でその後鉄道線に乗り入れてサンテクジュペリ空港へ行くトラムトレイン（赤、ローヌエクスプレス）とが出ている。

リヨン・パールデュー駅前

ディジョンヴィレ駅前

駅前を発着する２種類の電車

サンテティエンヌ駅前

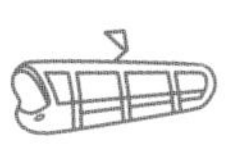

３－２　都市公共施設と路面電車

都市にはさまざまな公共施設がある。官公庁、病院、大学などの教育施設、公的住宅団地などである。これらの公共施設を利用する人は、交通手段として路面電車をはじめとする公共交通を使う人が多い。通院する人は、高齢者、子ども、身障者、妊婦、病気・けがにより一時的に身体が不自由になった人などが多く、マイカーを自分で運転してくるよりは公共交通で行き来する人の割合が、買い物などの移動よりも高くなる傾向にある。学生や生徒など通学する人も、年齢や所得の関係でマイカー通学する人はごく一部で、多くは公共交通利用である。フランスの地方都市の郊外にある社会住宅は、低所得者向けの公共住宅団地で自家用車を持っている人は相対的に少なく、公共交通を利用している。

新設される路面電車の経営的観点からいえば、通院・通学など公共交通型の移動をする人は、需要として取り込みたい層である。こうしたことから、路面電車の新規開通に合わせて、沿線に病院や大学、公的住宅団地などの公的施設が協調的に立地する例がよく見られる。病院や教育施設と路面電車の親和性は高い。路面電車の車窓からまちの様子を眺めていると、いかにも新しく建てられたような病院や大学がよく見られる。また、登下校時には、学生や生徒がよく乗り降りしてくる。どこの国でもそうであるが若い人が集団で乗ってくるとしゃべったりふざけたり、海外でこうしたにぎやかな集団といっしょに乗り物に乗るのもその国の一端を見るようで楽しい。

フランスでＣＨＵという略語を見たら、それは大学病院センター（Centre Hospitalier Universitaire）のことである。アンジェの停留所名のＣＨＵオピタルは地域の基幹の大学病院を指している。トゥールーズの路面電車から見たこのオピタルも新しくて大きな病院だが、真新しい外観から、時期的にはきっと路面電車開通に合わせて整備されたものと思われる。サラゴサの病院は、建物が真新しくはないように見えるので以前からあったのかも知れないが、真横を電車が通るように

CHU オピタル停留所

なって通院は便利になったに違いない。

サンテティエンヌの路面電車の北端の終点駅はオピタル・ノール、すなわち北病院である。ここは、サンテティエンヌ大学総合病院で、路面電車の折り返し線は病院敷地内にある。停留所を降りたところに病院棟の案内矢印がある。路面電車の終点施設と病院など公的施設が一体的につくられたと思われるところは多い。

このように地域の基幹病院と路面電車の連携関係は強い。また大学との連携もよく見られる。

スペイン、ムルシアの路面電車の終点駅はＵＣＡＭロスヘレニモスであり、そばにあるカトリカ・サン・アントニオ・デ・ムルシア大学（ＵＣＡＭ）ロスヘロニモス校からついた名前である。大学のサイトを見れば、この校舎は１９９６年設立で、路面電車の開通が２００７年なので路面電車計画に合わせて開校されたと考えられる。同サイトによれば、キャンパス内にあるヘロニモ修道院の歴史は古く18世紀に遡る。

フランス、ミュルーズのそのものずばりの

北病院停留所

トゥールーズの病院

停留所横の病院棟案内矢印

停留所真横のサラゴサの病院

ウニベルシテ（大学）駅である。日本でも大学前とか高校前などの停留所名があって、旅行者にとっては一体どこの大学、高校なんだと思うが、地元の人にとっては自明なのであろう。アーモンドの花が咲いている向こう側が上アルザス大学である。

　ミュルーズの路面電車のフェイスは黄色くてなかなかカラフルであるが、それ以上に特徴的なものは緑と赤の組み合わせのアーチ状の架線柱である。ややもすると無機的なイメージの架線柱であるが、上手にデザインしてある。全体に派手な色使いではあるが、周囲とはなじんだ風景を形づくっている。

　路面電車開通に合わせてつくられた大きな構造物も、まちの風景を変える大きな要素である。

　アンジェのコンフリュアンス橋は、電車と人だけを通すためにつくられた橋で、旧市街から先ほど紹介した大学病院へ行くにはこの橋を渡ることになる。白くて美しいアーチ橋であり、白い車体ベースのレインボーカラーの電車とよく似合う。

　ブレストのルクヴランス橋は、２０１１年

ヘロニモ修道院

UCAM 停留所

上アルザス大学前の停留所

UCAM 大学構内

に電車を通すように改修された。電車と自動車が混在して走っている。軌道敷を共用しているので、電車が通ると自動車はそのうしろをおとなしくついて行く大名行列にようになっている。橋の下はブレスト港につながっていて、マストの高い船の通行用に垂直にリフトするようになっているため、橋脚は高く巨大である。一見の価値がある橋である。夜になるとさまざまな色にライトアップされる。

道路や鉄道を新設するとき、橋とトンネルはともに重要な構造物であるが、路面電車は

人と路面電車のためのコンフリュアンス橋

ルクヴランス橋夜景

ルクヴランス橋

路面電車専用トンネル

都市部を通過することが多いため、トンネルの例は少ない。第1章のル・アーブルのところでも紹介したが、路面電車専用の都市トンネルというのも珍しい。

3-3 沿線開発

路面電車は沿線に投資機会をもたらす。敷設された線路は半永久的なので、沿線施設にも半永久的に人を運んでくれる条件が整うからである。路面電車は、交通問題を解決するツールであるのみならず、都市の再生・成長をもたらす重要なインフラであることが認識されるようになり、路面電車開通に合わせてさまざまな沿線開発も行われるようになる。

顕著な例は、大規模なショッピングセンターである。ここでは、モンペリエとグラナダを紹介する。

モンペリエの路面電車1号線の終点であるオディセアムからプラスデフランス停留所にかけて、大きなショッピングセンターができている。プラスデフランス停留所は円形の大屋根に覆われており、風景的にもかなり独特である。

グラナダのシエラネバダ停留所横にあるネバダショッピングは、売り場面積は欧州一の広さといわれるショッピングセンターであ

ショッピングセンター

円形の停留所屋根

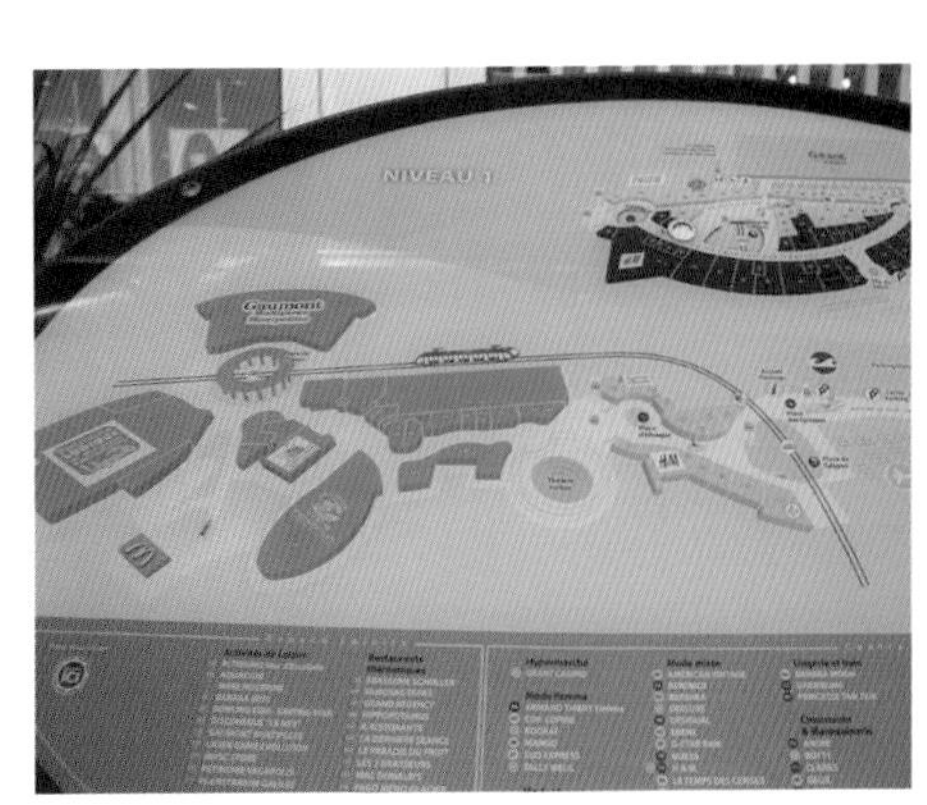

ショッピングセンター見取り図

る。2016年に開業した。路面電車は計画よりもやや遅れて2017年に開通したが、もともとは電車開通に合わせて開業予定だったものと思われる。

パルラはマドリード郊外の都市で、セルカニアス（スペイン国鉄の近郊通勤列車）で約30分程度のところにある。マドリードの通勤圏内にある近郊住宅地であると同時に、各種の企業や工業団地などがある。パルラには環状の路面電車が運行されている。路面電車は、まとまって開発された住宅と企業、工業団地をつないでいる。住宅や企業、工業団地ともまだ建設中のところがある。このような近郊の大規模開発地を周回する交通機関は、一般的にはバスが多いが、パルラでは一周できる路面電車を敷設している。軌道敷には車体の緑に色合わせしたオブジェがあるなど、見た目にも美しい交通システムである。今後の開発と発展が期待される。

路面電車の郊外側の終点駅付近が未開発地の場合は、オフィスや住宅、団地などが路面電車開通に合わせてつくられることがよくある。アンジェ郊外では、小規模なオフィスビ

スペイン国鉄パルラ駅前の停留所

ネバダショッピング

パルラ工業団地停留所

ネバダショッピング

ルが数多く建設中であった。また、ムルシア郊外では一戸建て住宅がまとまって建設されていた。

ブザンソンの終端のシュルズール停留所のまわりは、みごとに何もない。将来的には何かの開発が行われると思われるが、現在は未開発である。欧州の旅に出かけても、こういう郊外の荒野に行くことはまずないだろう。ところが、街中から路面電車に乗って終点まで行くと、こうしたところに来てしまうことがある。数百円の一日乗車券を買って、特に目的もなく路面電車路線を端から端まで乗ると、思いがけない景色に出くわすのも旅のおもしろさと言えるだろう。ここもまわりが一面緑に囲まれて、気持ちが良い。次に行くときには、開発が進んで何もない荒野でなくなっている可能性はあるが。

路面電車沿線には団地も多い。モンペリエの写真に示すように、終点駅や主要な道路と交差するような交通結節点には、パークアンドライド（P&R）と呼ばれる大規模な駐車場がよくつくられる。P&Rは、郊外から都心に入ってくる場合、その駐車場に車を置い

建設中のオフィス（アンジェ郊外）

窓から見える住宅団地

建設中の住宅地（ムルシア郊外）

軌道敷内の緑のオブジェ

て電車で街中に入って来れるようにすることを目的としている。また同時に、近くにある団地居住者用の駐車場も兼ねている。P&R駐車場に車を置いて電車に乗り換えた場合、駐車料金が無料・割引になるなどのメリットが受けられる制度がある。都心内への自動車の乗り入れや、トータルとしての自動車利用を低減させ、都心での歩行者の安全性や環境の向上を図るものである。

バルセロナには、市の水道会社（アグバール、agua（水）＋Barcelona の造語）が保有するトーレ・アグバールという独特で市民にもよく知られたデザインの超高層ビルがある。フランスの建築家ジャン・ヌーヴェルが設計し、バルセロナの新設路面電車とほぼ同時期に完成した。この例のように各都市で、沿線に新しい意匠の建築物が建てられており、沿線価値を高めている。

ニースの郊外団地

シュルズール停留所

トーレ・アグバールと路面電車

モンペリエ終点駅の団地とP&R駐車場

第4章
街路風景に新しい価値を

最近の路面電車の車体は、デザイン性豊かで美しく、まちの風景に与える影響も大きい。 しかし、車体以外にも路面電車の停留所、停留所に置かれたベンチや券売機、電車乗車のための駐輪場や駐車場、軌道敷や軌道周囲の舗装・植生、架線やそれを支える架線柱など、これら全てのエレメントは、まちの風景づくりと密接に関わっている。言い換えれば、これらのデザインはまちの風景に新しい価値を生み出すことができる。

そこでこの章では、これらの路面電車システムを構成する各種施設と隣接する歩行者空間、連携している他交通機関などに焦点をあて、街路風景として見えてくるこれらエレメントのデザインの可能性を探っていく。

4-1　斬新なデザインの車両が織りなす風景

路面電車の車両の姿は、新しい交通機関の走行を一番強く印象づけるエレメントとなり得る。なぜなら利用しない人の目にもその姿は映り、利用者であれば、その車体外観を見て乗車し、内部を見渡してどの席に座るか決め、降りては去って行く車体を目で追うことになるからである。

また、同じ場所にずっと固定されている停留所などとは異なり、車両はどんどん移動していく。目の前をスーッと通り抜けていってしまうものである。このように人の視界に入っている時間は短いということも、車両デザインを見ていくうえで重要な鍵となる。

上記のことがらを念頭に置いたうえで、車体デザインと街路風景との関わりやそれらの調和について探っていくために、車体の色彩やパターン、フォルムに着目し、デザインが風景の中でどのような位置を占めているのか、また、どのような役割を担っているのかを考えていくこととする。

さらに、車体のデザインを考えるうえで忘れてはならないのは窓の存在である。特に新しいタイプの路面電車では、車体の正面の顔、側面の少なくとも半分以上は窓となってガラスがはまっている。そのため車体がまとった色彩にかかわらず、窓の向こうの景色や車内の様子が見えたり、また単にグレーに見えたり、映り込んでいる周囲の景色が見えたりする。

(1) アートとして映える風景

まちなみを背景として、路面電車の車両自体がアート作品のような位置づけをもって、新しく生まれ変わる街のイメージやメッセージをシンボリックに表現していく。

ツバメパターン

華やかな絵

今から10年以上も前に登場したモンペリエの青地に白の海ツバメのパターンや大胆なオレンジ・黄色のフラワーパターンは、従来の路面電車の車両デザインとは全く異なり、絵画のような独特なイメージを生み出している。これらに続くカラフルなビーズ刺繍でつくられたかのような、魚やイカ、ヒトデなどの海洋生物のパターンの車両とともに、おとなしい配色の街並みや広く開いた都市空間をあたかもギャラリーと見なしたかのように走り、楽しく興味深い風景をつくりだしている。

そして路面電車に乗ると、そこにも外観の楽しいデザインが踏襲されている。座席や背もたれ、握り棒などにも楽しそうな曲線が使われ、外観で用いられた色味が持ち込まれている。海洋生物パターンの車内には紫、黄緑、オレンジ、青などのカラフルな色と曲線で楽しい雰囲気を盛り上げている。

これらの車両デザインは各々走る路線が決まっていて行き先案内役も担っている。海洋生物パターンに乗ると、まちから海のほうにいくことになる。

海洋生物パターン

フラワーパターン

海洋生物パターン車両のインテリア

フラワーパターン車両のインテリア

アリカンテの「A」

白地に大きな「A」がオレンジ色で描かれたすっきりと大胆な車体が町中から海岸線を通り抜ける。アリカンテの「A」である。少し斜めに踊るようにリズミカルに配置された文字はグラフィックとしてもかっこよく、スペイン南部、地中海に面した比較的乾燥しているアリカンテの気候によく映える。リゾートが立ち並ぶ海岸沿いでは特に青い海との対比をなし、魅力的な風景をつくっている。

虹が走る

雨上がりに虹を見ると、「良いことありそう」とか「あ、ラッキー」と思い、何か嬉しくなる人が多いのではないだろうか。アンジェのまちではこの虹に出会うことができる。白地の車両に大胆に大きく斜めに描かれた虹を乗せた路面電車が走っている。虹の路面電車は、アンジェの街の風景にインパクトと夢のある楽しい風景を演出している。車内はどうかというと、座席は黄緑、天井には赤や青、黄、黄緑、紫などの虹の色で、地域に咲く花が大きく描かれ、なんとなく気持ちを和ませ、楽しくさせてくる。

(2) 色に思いを込めて

都市の地域性やオリジナリティを色彩で表現することもできる。色の組み合わせ

海辺を走るA

天井の花

虹を乗せて

や彩度、分量に注意が必要だが、シンプルかつシンボリックに新しいイメージを風景に盛り込むことができる。

単色で大胆に

オーヴェルニュ地域圏に属するクレルモン・フェランは、休火山の麓に位置し、まちの歴史的建造物が火山から採取された黒ずんだ石で建てられているため、「オーヴェルニュの黒い街」とも呼ばれている。この街中を走る路面電車は、周囲を囲む火山群の色に由来した少し黒みを帯びた赤紫色をしている。また、ル・マンの路面電車は少しくすんだたばこレッドと呼ばれるオレンジ色をしている。これらは比較的目立つ強い色ではあるが、アースカラーやグレー、アイボリーが多い街並みの中では、街並みになじむとともに新しいアクセントの色として取り込まれている。

そして外観だけではなく、車内の座面や握り棒に同様の色がアクセントカラーとして用いられ、車体としての一体感も生み出されている。また、ル・マンの車両のように正面横にル・マン24時間レースに因んだ地名などが書かれていること、インテリアの天井に地域の空が描かれていることなど、地域への愛着として見逃すことはできない。

あふれる色で楽しく

単色でありながら、車体ごとに異なる色を用いる都市もある。こうなると、次に来るは何色だろうか、全部で何色あるのだろうかと数えたくもなる。シャンパンの本場でもあるランスでは、車両の形状が同じであるため統一感が取れ、このような車両の色が各々異なるデザインも街の風景に楽しさを生み出す装置となっている。また、ランスの車両は竹を斜めに割ったようなすぱっとした丸みのない顔を持つシ

ル・マン 24 にちなんだ銘板

火山の石の色にちなんだカラーリング

ンプルなかたちのため、余計にさまざまな色が映えている。

優雅に、すみれ

　ぐっと目を引くデザインがある一方で、おとなしくも優雅に地域の魅力を伝えようとするデザインがある。すみれで有名なトゥールーズでは、パステルブルーの車体に代表的な三色スミレの花弁の配色、青紫、黄、白の3本の緩やかな曲線のラインが描かれている。単にシンプルなだけではなく、すみれを思い起こさせる存在感がある。インテリアの天井にも同様の3色のラインが引かれ、また座席にもすみれの花のようなパターンが使われている。淡い色は個性が埋もれがちにもなるが、ここではまちのシンボル、すみれが優雅に表現され、まちのイメージを強調している。

　また、トゥールーズは建築に使われているレンガの色から「バラ色のまち」とも呼ばれている。ピンクがかった街並みに、街に繁栄をもたらしたパステル（青色の顔料）の多様な青色が建物の窓枠などにアクセントカラー

ランスの車両

ランスの車両

ランスの車両

ランスの車両

としてある。このような街並みの中を、パステルブルーをメインカラーとしてすみれの三色を配した路面電車が優しく調和している。

〔3〕ユニークな顔

車体の顔の部分は一番目立つところと言える。通常はやわらかく丸みを帯びているかたちが多いが、ここに独自性を打ち出しているデザインもある。凝った形状はそれだけでも目立つため、白色を基調とすることが多く、そのフォルムだけを見せることで風景の中に新しい楽しさを表現することができる。

キャタピラ顔で

リヨンの車両のフォルムは独特である。その顔は正面からも横からも、コロンと丸いながらも凹凸もあり、二つの楕円の

パステルブルーにすみれの色を配した車両

すみれの色を配した車内の天井

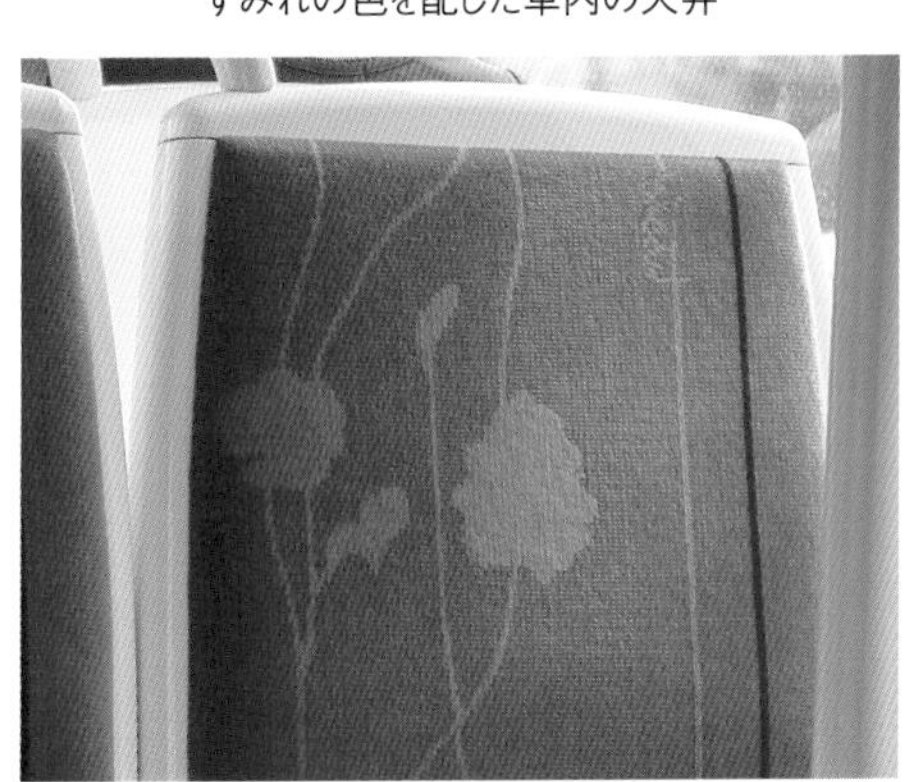
すみれのような花の座席

ライトの配置もあって一見キャタピラ（いも虫）のようにも見え、忘れられないかわいい表情を見せている。そのほかの都市で登場した車両の新しいタイプのデザインとも全く異なり、今までの路面電車の車体というイメージを覆すようなフォルムである。

船のように

地中海の港町マルセイユの路面電車は、車体全体が船・ヨットをイメージさせるデザインとなっていて、正面上部には大きな丸いライトが一つ、航海灯かのごとくに付けられている。そして、車内に一歩足を踏み入れると、空気が青みがかって見え、あたかも水の中にいるような感覚に陥る。

（4）まちに由来あるパターンを乗せて

地域の特産品や成り立ちなど、そのまちのシンボルをパターンとして車体デザインに反映させていることもある。大胆な

かわいいキャタピラ

船のように街を行き交う

水の中にいるような

色味や形状ではなく、緩やかに地域の顔をつくり、風景の中に持ち込んでいく方法である。また、都市の代表的建築物をパターンとして取り入れることもできる。

ロワール川を取り入れて

オルレアンの街中を流れるロワール川の砂の黄金色とともに、都市特産のかご細工のパターンを車両の下部に取り入れている。

現代都市のグリッド・パターン

ル・アーブルは第2次世界大戦後に現代都市として新しい都市計画がなされ、それが世界遺産として登録されている都市である。ここでは、その現代都市の格子状のグリッド・パターンを路面電車デザインのモチーフとして、車体外観にもインテリアにも応用している。

大聖堂を壁画のように

ルーアンの有名な大聖堂の外観を、シンプルな線画として車体側面に大きく描いている。地域の人や訪問者にとって、自分もその有名な建物を知っていると親しみを感じることができ、興味を引き立てている。

偉人へのオマージュ

その地域に関係する偉大な人へのオマージュとして、その人のプロフィールや作品を

都市計画のグリッドから

ロワールの砂色とかご細工パターン

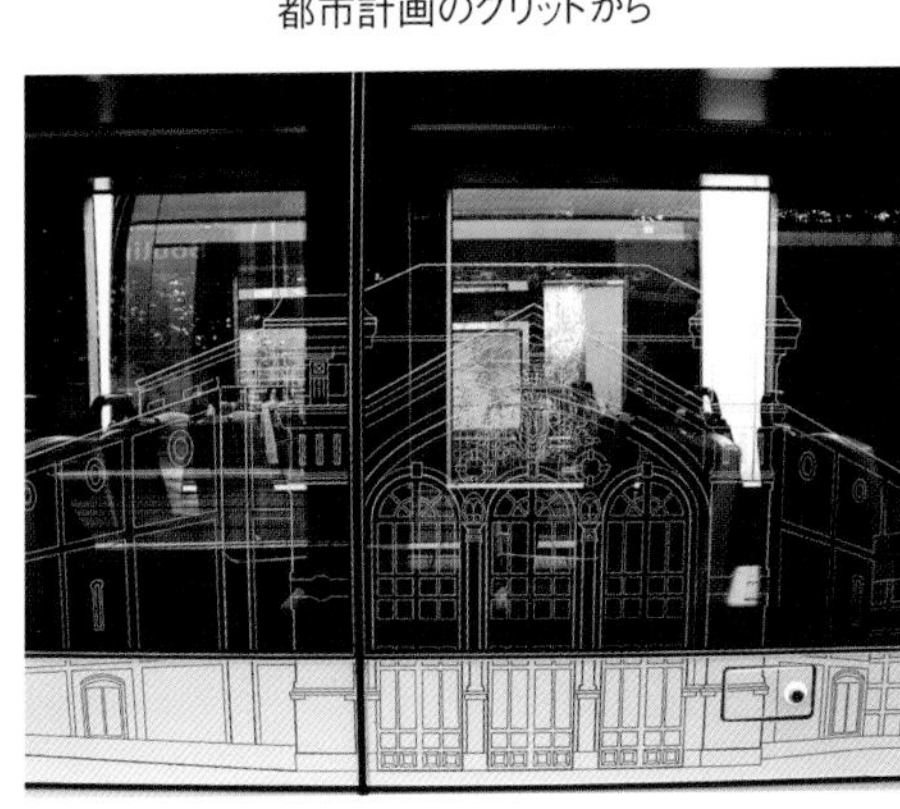
側面に描かれた大聖堂

車体に描くことがある。ブザンソンでは誰もが知っている科学者のマリー・キュリー、数学者のジョゼフ・フーリエ、作家のコレット等々の顔とサインが車体に描かれている。

ピカソの生誕地であるマラガでは、ピカソの絵に因む抽象画や路線のパターン画が路面電車車体に描かれている。描かれたプロフィールや作品を目にすることで、人々はそれらの偉人とその街との接点を感じることができる。

(5) ラッピングで伝えること

ラッピングというと、一般的にはオリジナルの車両デザインを邪魔している宣伝広告のように思われがちだが、よく観察すると一概にそうとも言えず、いろいろなタイプがあることがわかる。セビーリャでたまに目にした地域特産シェリー酒「TIO PEPE」の洒落たデザインは、地元の利用者には地域のことを思い起こさせ、観光客には地域特産を案内する役割を果たしているとも言える。ストラスブールの「Benvenuto」「Welcome」のよ

シェリー酒　TIO PEPE

キュリー夫人とともに

各国語のあいさつ

ピカソとともに

うに「ようこそ」という歓迎の言葉を各国の言葉で載せることも開かれたまちを表現し、楽しそうなまちだなと訪問客に思ってもらうことができよう。

4-2　個性あふれる停留所

次に停留所について考えてみよう。停留所は単なる停留所名を示した乗降場ではなく、路面電車とまちとの接点でもあり、メッセージを発信する場でもあり得る。そして停留所は、まちなかでは特にその間隔が短く、繰り返し視界に入ることによって一定のリズムを街路に生み出すこともできる。

停留所には通常、雨風を除けるためのシェルター、待ち時間にちょっと腰掛けるベンチ、照明装置、券売機などのエレメントがある。これらエレメントは各々が独立していたりユニット化されていたりする。また、シェルターそのものにも多様なデザインが見られる。個性ある停留所を取り上げながら、停留所がどのようなメッセージを伝えようとしているのかを探ってみよう。

(1)　スタイリッシュなフォルム

停留所シェルターの構成自体が従来のものとは大きく異なり、停留所を構成しているエレメントを一体化させてオブジェのようなパワーやフォルムを構成したり、スレンダーさを強調してスタイリッシュなフォルムをつくったりすることで、はっと目を引くようなシンボル性を創出している。路面電車が通り、まちが新しく生まれ変わったことを視覚的に強く訴えることができる。

夜になるとシルエットをつくり出す（サラゴサ）

すきっとしたデザイン（サラゴサ）

とにかくかっこいい！

サラゴサの停留所は、乳白色の箱のような直方体の上に薄い平らな屋根が架かり、その上に、細長い棒状の停留所名表示バーが載っている。箱のような立体は地面から少し上がっており、また半透明であるために重さを感じさせない。ヴォリュームはあるのに浮いているように軽やかな、すっきりしたかっこよさを持っている。さらにシェルター屋根の上には特殊な植栽が施され、停留所空間に涼しさをもたらす工夫までなされている。また，5章の5-4でもサラゴサの夜景が紹介されているが、日暮れになるとこの箱部分が光り、人のシルエットを浮かびあがらせ、昼と夜では全く異なる独特の風景をつくり出す。

パワフルなフォルム

アリカンテの海沿いにある停留所シェルターは、サービスユニットを納めた大きな一つの箱の上に屋根が架かった構成となっている。どっしりとした存在感は、採石場だった大きく広がる石肌を背景とするこの場所ではバランス良く収まり、シンプルにまとまったフォルムがかっこいい。

また、ムルシアでは、サービスユニット、ベンチ、屋根までもが直線構成で一体化されたオブジェのようなフォルムであり、そのパワフルな造形で人目を引く。

スレンダーでシャープなフォルム

ナントの再開発地区、クール・サンカント・オタージュ通りの停留所は、屋根を支える3本のポスト、両端が反りあがった形の薄い屋根、独立したバックパネルで構成されている。各々のパーツが細く、また分離していることでスレンダーさが強調され、再開発地区にふさわしいシックでシャープな新しさをもたらしている。

パワフルなフォルム

直線構成で一体化

カラフルな透明パネル

シェルターのバックパネルも、大きくなり色彩が加わると単なるバックパネルではなくなる。ルーアンでは、シェルター自体はシンプルなフォルムであるが、そこで使われているオレンジ、黄、青、緑といったカラフルな透明パネルは人目を引き、パネルの色を通して見えてくる周囲の景色が変わるのも楽しい。

漂う屋根

チェコの首都、プラハは本書の対象外のまちではあるが、独特の停留所フォルムなのでここで示す。プラハの郊外の停留所は、停留所ごとに色の異なる連続するアーチ構造の上に、透明なプラスチックで覆われていたり、キャンパス地の膜が張られていたり、きわめてデザイン的な停留所である。遠く離れていても視界に入ってくるこの大屋根はとてもドラマチックである。

(2) 融合しながらおしゃれに

周囲環境との融合を図りつつデザインを統一的にまとめたり、細部にこだわったり、おしゃれに独自性のあるデザインを生み出している停留所もある。大きく目立つわけではないが、人に近いところで周りと関わっている。このような視点で見渡すと、細部に凝ったシェルターやかわいいパーツ、気が利いているデザイン、そんなところが見えてくる。

カラーパネルで風景を変える

停留所の構造

スレンダーなフォルム

繰り返しリズムで統一

ボルドーの停留所では、照明ポールもゴミ箱も同じ逆コーンの形状で、すっきりとおしゃれにまとまっている。シェルターのサイドパネルをよく見ると、そこに描かれているのは世界地図であり、停留所によって描かれている場所が異なる。それに気がついて探してみると日本が入っているパネルも見つかった。

車両インテリアとつながるモチーフ

モンペリエでは、路面電車車体の外観と内装に共通するデザインがあるだけではなく、停留所にも同じモチーフが応用されている。車内の座席などに使われた同じ曲線のデザインモチーフが停留所ベンチにも使われ、交通機関としての一体感を生み出している。フラワーパターンの路線の停留所ではオレンジ系の配色、ツバメパターンの路線では青系の配色であり、さらに細部に目を向けると留め具がハート型のように見える。また、海洋生物パターンの路線の停留所では、停留所のシェルターパネルに海洋生物を思わせるパターンが入っている。

インテリアと同じかわいい曲線

リズムできれいに統一

ハート型の金具

日本が入っているサイドパネル世界地図

4-3 連なる美しさ

一定間隔で配置される架線柱はその繰り返しを、線路・軌道敷やその連続性をもって街の中にラインを表したり、反復のリズムを生み出したりし、美しい風景をつくり出すことができる。それが強調されると、いわゆる都市軸をつくり出すことまでできる。路面電車と停留所、架線柱や軌道敷などが、デザインモチーフを共有することで一体的につながり、街のシンボルとなることもできる。

さらに、街路にある街灯のデザインなどにも共通項を持たせると、より統一感のある都市の風景を演出することができる。

(1) 架線柱

架線柱は多くの場合は直線であるが、アーチ状のものもある。直線構成が多い風景の中で、アーチ状のラインは繰り返し連なることで、連続する一つのリズムを風景のなかに取り込むことができる。これも本書の対象外のプラハであるが、ここまでアーチ状の架線柱が連続するのも珍しいのでここで紹介する。

アーチ状といえば、フランス、ミュルーズにも停留所でアーチが見られる。これは四角柱の架線柱をアーチ状にしたものを停留所両端に配置したもので、黒と白のストライプのモチーフはどのアーチも共通に持ちながら、ほかのカラフルな配色は停留所ごとに異なっている。この架線柱自体がパブリックアートでもある。

また、直線の架線柱はその太さや高さ、細部のデザインによって異なる印象を与えていく。グラナダのような、先の尖った鉛筆のような架線柱は、すっきりとした

アーチ状の架線柱（プラハ）

カラフルなアーチ状架線柱（ミュルーズ）

かっこよいリズムを生みだしている。

〔2〕線路、軌道敷

線路、軌道敷はラインとしてつながっていくエレメントであり、地点と地点が視覚的につながっていることを強調することもできる。単に軌道と言う扱いではなく、そこに芝を敷くとまち中に緑の帯、グリーンベルトを構築することができ、それによって都市の軸を表現することができる。軌道敷に埋め込まれたライトも夜景に一役買うことができる。軌道間や軌道周囲に植栽エリアを設ければ街に豊かな緑の空間を演出することができる。また、軌道敷の素材を周囲に合わせることで周囲との一体化を図り、統一感のある街の風景をつくり出すこともできる。

〔3〕まちへと広がる

トゥールでは、「まちをつなぐ」という強いコンセプトで路面電車整備を行っている。車体外観はミラー反射で地域、周囲の様子を

軌道敷を示す光のライン（ボルドー）

鉛筆のような架線柱

スリムな車体のストライプ

グリーンベルト（ディジョン）

都心のラウンドアバウトにもストライプ

車体のストライプはプラットホームにリンク

まちをフレームで切り取る

ストライプから入る

郊外をフレームで切り取る

パークアンドライドにもストライプ

反映させ、停留所に留まると、車体のストライプが停留所プラットホームのストライプにつながる。そしてそこから照明ポールのストライプへ、まちへとつながり、広がっていく。路面電車という交通機関が新しいまちのシンボルそのものになっている。

また、先にあげたミュルーズにおいても、停留所両端にある大きなアーチはまち中に一定間隔に現れ、停留所ごとに異なる配色のアーチはカラフルでシンボリックなアイデンティティを構成している。このアーチのフレームで街を切り取って眺めるのも興味深い。さらにこのシンボリックなオブジェはP&Rやラウンドアバウトにも見られる。

デザインしたアーティスト名を記したボード

パークアンドライドにも

4-4 軌道周囲を整える

路面電車整備と環境を豊かにする緑の空間整備は、セットのようである。軌道周辺には、安らぎを与えるような樹木や植栽、プランターボックスやハンギングプランター、水の空間や、ちょっと休憩できるようなストリートファニチャー、その場に楽しさをもたらすようなパブリックアートが設けられている。交通施設ではないが、このような軌道周囲を整えるものに目を向けてみよう。

（1）花と緑と水と

軌道沿いや軌道と軌道の間、軌道の横など軌道周辺には自然を感じさせる植栽空間、緑地や公園が設けられ、さらに遊具まで置かれている場所まである。公園の中を通っている軌道もある。道路の一部というよりは、人が歩く場所に歩行をサポートする乗り物としての路面電車があるという感覚であろうか。このように捉えれば、軌道周囲に人の気持ちを和ませ楽しませる花や緑、水のある憩いの空間が広がることはあたりまえかもしれない。サラゴサやモンペリエでは、軌道の間に遊歩空間が設けられて、そこに植栽やベンチ、噴水や遊具まで置かれている。路面電車からちょっと降りて隣接する公園の水に戯れたり休憩したり、樹木に覆われた公園を歩いたり、そんな場がいくつもつくり出されていることに気づく。

これらのまちほど大々的ではないが、第１章で掲げた富山の線路横の花畑も、沿線住民の路面電車への愛着が感じられる。

ポートランドでは大きな樹木のある公園を

軌道間の遊歩道緑地（モンペリエ）

軌道間の憩い空間（サラゴサ）

公園の中を通る（ポートランド）

憩い空間に置かれた遊具（サラゴサ）

路面電車が横切り、ボルドーでは、あたかも林の中を路面電車が通り抜けている。パルラのように緑地が軌道に隣接している場合もあり、路面電車と公園緑地などとのつながりがとても自由であることが見て取れる。

また、1章でもあげているが、ヒューストンではプールの中を路面電車が走り、ナントでは緑地や水鏡の横を路面電車が走っている。ディジョンでは大きな噴水のある広場の周囲を路面電車が走り、上下に多様なリズムで出てくる噴水の水を通して路面電車が見え

樹木の中を走る（ボルドー）

緑地や水鏡と電車（ナント）

軌道に隣接する緑地（パルラ）

噴水のある公園横を通る電車（ディジョン）

プールの中の線路（ヒューストン）

るのも気持ちよい。

（2）ストリートファニチュアやアートの楽しさ

ちょっと凝ったストリートファニチュアやパブリックアート、オブジェは空間に楽しさをもたらすと同時に、空間を引き締めたり、特別な感覚をもたらしたりもする。軌道周囲を見渡したときに、どのようなストリートファニチュアやパブリットアートなどが視界に入ってくるか探してみるのもおもしろい。

一言にベンチと言ってもさまざまな形状があることに気づく。普段と違う場が演出されていたり、いつもと違うかたちであったり、人との心地よい距離感を得られる設定など、多様なデザインの可能性が秘められている。サラゴサの薄い板状のベンチやルーアンの浮いている箱のようなベンチ、ブレストのトランジットモールに置かれた椅子など、多岐にわたるデザインを見ることができる。

休憩場所といえば、サラゴサで軌道間散策道にはキヨスクが置かれている。オープンカ

トランジットモールに置かれた椅子（ブレスト）

薄い板のキュービックなモチーフのベンチ（サラゴサ）

キヨスク（サラゴサ）

浮いているような箱型のベンチ（ルーアン）

フェにもなり、使っていないときは扉を閉じて円筒のようになる。このカフェで一息ついて、あるいはここで待ち合わせてから路面電車でちょっと出かけようかというような気分にさせられる。

パブリックアートには眺めて楽しむだけではなくその場を楽しむものもあり、ポートランドの休憩スポットはパブリックアートでもあり、椅子のある休憩場所でもあり、いつもの休憩とは異なる体験を提供している。同じくポートランドの巨大なオークの葉のオブジェは停留所脇に緩やかにシェルターのような休憩場所をつくっている。また、ダラスの時計のオブジェのように実用的な要素も備えたものもある。ミュルーズの停留所横に置かれているカラフルなオブジェは見ている人に何かな？と思わせ、まちの風景を楽しくさせている。

ポートランドの水飲み場や人や犬のオブジェ、周囲の映り込みや水面のザワザワ感が気になるブレストの水盤のように、何だろうと思わせるオブジェもある。

ヨーロッパでは欠かせないのか、広場など

時計のオブジェ（ダラス）

休憩スポット（ポートランド）

カラフルなオブジェ（ミュルーズ）

オークの葉のオブジェ（ポートランド）

メリーゴーランド（モンペリエ）

水飲み場（ポートランド）

出方が変化する噴水のあるオブジェ（サラゴサ）

人と犬のオブジェやプランターボックス（ポートランド）

噴水で遊んでいる親子（サラゴサ）

水盤（ブレスト）

でメリーゴーランドをよく見かけるが、モンペリエでは軌道に隣接してメリーゴーランドがある。サラゴサにはチョロチョロだったり、吹き上がったりと、自在に変化する噴水のある亀のオブジェがある。このような場で遊んでいる親子の様子もまた、魅力的な風景の一環となってきている。

4-5 車や鉄道と連携してつくる新しい風景

路面電車がまちで生き生きと活躍するためには、都市全体あるいは都市圏での計画が重要である。路面電車がまちに広がる歩行者空間とともに車や鉄道と連携できていくことが大切であり、その連携方法や連携に必要な交通施設デザインはまちの風景に一石を投じることができる。ここではまず共存するための歩行者空間と軌道、車道などの境界デザインやそれら交通手段の配置の関係、乗り換え促進のための施設や乗り換え拠点のつくり方やデザインについて目を向けてみよう。

(1) 歩行者、自転車、自動車との共存

① 歩道・軌道・車道などの境界デザイン

歩道と軌道、自転車など、車道などとの境界のデザインには、物理的な行き来を妨げるフェンスから、行き来は可能だが地面から立ち上がっている分だけ目に付きやすいボラード、そして物理的に行き来を妨げることのないマーキングや路面上の微細な変化、すなわち平面的な処理とするものまで幅広くある。

素材の色彩やパターンを変えると、見た目に舗装か軌道敷か車道かを区別させる

色彩が異なる（バレンシア）

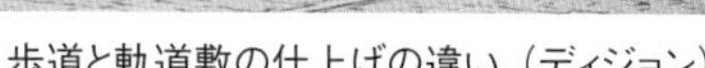

歩道と軌道敷の仕上げの違い（ディジョン）

ことができる。仕上げに変化を付けると見た目にも違いが出るし、足で触れたときに感触的に違いを伝えることができる。

歩道と軌道の間の境界として多くの都市で見られるのは平面的な境界のつくり方であり、路面の素材や仕上げ、パターンの使い方の違いによってつくられている。

しかしながら、歩行者優先空間や広場のような場所では、逆に境界を示さないようにデザインすることもある。ボルドーでは、先ほどのニースの広場とは異なり、広場の全体的なパターンを邪魔しないように軌道に沿ってボーダーラインが入っているだけである。

境界に金属の鋲を用いることもある。例えばセビーリャの場合、軌道敷を歩道の間には三重丸、歩道と自転車道の間には自転車の絵が入った鋲が境界に沿って打ち込まれている。

段差で境界が示されている場合もある。例えばリヨンの大学キャンパス内であるが、歩行者空間のほうが三段あげられているのであるが、ここでは、上がっている歩行者空間のレベルがそのままプラットホームのレベルとなり、路面電車に段差なく乗降できるようになっている。

軌道敷、歩道、自転車道の境界の金属鋲（セビーリャ）

路面敷石パターンの違い（ニース）

３段の段差（リヨン）

広場のパターンをそのままに（ボルドー）

車道が関わってくると、その境界には目に付きやすいボラードや通行を止めるフェンスが設けられるようにもなるが、太いが低めのボラードであったり、チェーンのフェンスや、地域の特徴を出したデザインのフェンスだったりする。

また、鉄道駅前にように複数路線が集まってくる場所では、軌道間の境界を示すように立体標識も必要となる。これらもやはり、まちの風景に関与してくる。モンペリエでは、楽しい車体デザインに合わせたような標識が、パルラで

低く太いボラード（クレルモン・フェラン）

軌道間の境界を示す標識（モンペリエ）

チェーンのフェンス（ボルドー）

緑の立体標識（パルラ）

市のシンボルの入ったフェンス（オルレアン）

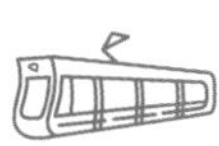

は車体や停留所のテーマカラーとなっている緑色の葉のようなデザインが見られる。

②　歩道・軌道・車道の配置と緑の緩衝帯

歩道・軌道・車道の配置といえば、一般的には、軌道が歩道に沿うサイドリザベーション、軌道が道路中央に位置するセンターリザベーションという言葉が出てくる。ここでは街路樹・植栽といった緑の緩衝帯も含めて、気持ちよい風景につながる空間づくりとしてそれらの横断面構成（配置）を考えてみたい。

ａ　歩道＋軌道＋植栽＋車道＋歩道＋植栽

ニースの例であるが、歩道に沿って芝生の軌道が走り、街路樹が緩衝帯ともなりながら、その向こうに車道が見え、続いて歩道、街路樹がある。芝生軌道の緑もあり、緑豊かな風景がつくられている。

ｂ　歩道＋車道＋軌道＋（植栽＋遊歩空間＋街路樹）＋軌道＋車道＋歩道

軌道を通常の歩道からは離して道路中央寄りに配置するのであるが、単にそれだけではなく、遊歩空間をセットにしている例である。事例としてはモンペリエをあげているが、先に述べているサラゴサでも、ストラスブールなどでも見られる。中央の遊歩道に自転車道を併設している場合もある。単に路面電車整備ではない、都市空間としての豊かさが魅力的なまちの風景を生み出している。

ｃ　歩道＋植栽＋軌道＋植栽＋車道＋植栽＋歩道

ビルバオでは、歩道と軌道の境界としてはあまり目立たない平面的な処理に終

断面構成（ニース）

中央の散歩道と芝生軌道（モンペリエ）

わっているが、街路樹がその境界に沿って植えられている。街路樹は視線を妨げることなく視界を広げ、その先にはあふれる緑が目に入る、そんな気持ちよさが伝わるようなつくり方である。

d 川＋水辺空間＋歩道＋植栽＋軌道＋車道＋植栽＋歩道

同じビルバオの水辺空間を見ると整備された水辺空間に寄り添うように軌道を川側の歩道沿いに付けている。ナントにおいても同様に街中の親水空間に沿って路面電車を走らせ、憩い空間と合わせた歩車共存の空間をつくり出している。

街中のみち（ビルバオ）

水辺に沿って（ビルバオ）

③ パークアンドライド

路面電車にスムーズに乗り換えるには、最寄り停留所までに用いた車やバイク、自転車を留める施設が必要となる。都心周囲や郊外にあるこれらの施設は、路面電車との一体感を表すために、路面電車に用いられる色彩やパターンを用いることが多く、また、そうすることで風景としても統一感をつくることができる。（例えば1章ル・マンや4章4-3トゥールを参照）

都心の場合には、都心広場の地下に駐車場をつくり、広場に乗り入れている路面電車にそのまま乗車できる仕組みがつくられることもある。アンジェでは、都心広場を路面電車整備の一環として人のための広場としてつくり替えるときに地下駐車場をつくっている。この地下駐車場へのアクセスも、広場の停留所の延長としてガラスの大屋根で覆って全体としての一体感を保ち、広場にきれいな風景をつくっている。

パークアンドライドの対象は大体は車であるが、自転車、バイクのための駐輪場も必要である。ダラスでは大規模なパークアンドライドの一角に、一風変わった自転車・バイク用駐輪装置がある。また、このパークアンドライドでは、停留所との間に植栽空間を設けており、ちょっと心和む空間をつくり出している。

(2) 乗り換え拠点

公共交通を活用するためには、複数の路線の乗り継ぎや他交通機関との乗り継ぎが必要になることも多く、乗り換えやすい仕組みとわかりやすく使いたくなるデザインが大事になる。

① マルチモーダルのつくり方

マルチモーダルとは直訳すれば複数の交通手段のことであるが、移動する場合、複数の交通手段を利用することをマルチモーダルと呼ぶことが多い。マルチモーダルには、乗り継ぎ施設が必要となる。路面電車とバスの乗り継ぎの場合には、一つのプラットホームの両サイドにそれぞれの停留所があると便利である。そのとき、個々の停留所の色が交通機

パークアンドライドへの植栽空間（ダラス）

広場地下の駐車場への入り口（アンジェ）

マルチモーダルのデザイン（トゥール）

パークアンドライドの一角の駐輪施設（ダラス）

関と合わせてあるとわかりやすく、多くの都市で見られる。例えばトゥールでは、バスは車体も停留所のマークも青であり、路面電車の停留所マークは赤となっている。路面電車の外観には赤色はないがインテリアの一方の壁の色が赤になっている。

② 拠点となる停留所

複数路線などが集まる停留所では、そこが拠点であることを見た目で示すことも重要になる。そこで、往々にして大きな屋根を架け、その下にいくつもの交通機関や路線が集合していることを周囲にアピールしている。

このような大屋根や施設のデザインもまちの風景を変え、興味深くできる要素である。

バス、路面電車、鉄道の同時乗り継ぎ駅（バレンシア）

大屋根（モンペリエ）

大屋根（ストラスブール）

コラム

さりげなくアートが語る

路面電車の周囲を見回すと、沿線の大がかりなパブリックアートだけではなく、身近な、手の触れられるようなところにも小さなアートや興味を引くものがあったりする。

例えば、ストライプというデザインモチーフで路面電車が街をつないでいくトゥールでは、鏡面仕上げにストライプの入ったシックな車体外観がまず目を引くが、その車内もおもしろい。独立した握り棒の中央の、あれっ？ と思わせるものが目に入る。地元クラフトマンによって制作された一つ一つが形の異なる金属オブジェ「蕾」が、握り棒の真ん中に鎮座しているのだ。こんなところに、と思わせる独特の話題性もある。

ダラスでは、シェルターの柱のデザインが停留所ごとに異なり、そのエリアの特徴をあらわしているような飛行機のパターンが入っている柱がある。いかにもダラスという

シェルターの柱に飛行機

シェルターの柱のデザイン

車内の握り棒の間のアート

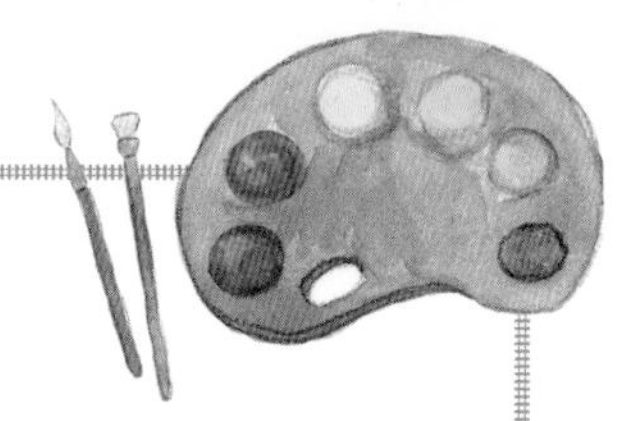

コラム

感じがする。シェルターの柱に着目するとほかにも色々なデザインが見えてくる。

　ポートランドでは路面電車沿線のホテルに泊まったのだが、路面電車のチケットがフリーで付いてきた。ポートランドでは路面電車にスポンサーが付くというシステムがあり、このホテルは路面電車のスポンサーになっていたのだ。ホテル前の、路面電車がシェルターバックパネルに描かれた停留所をよく見ると、そのサイドパネルにさりげなくホテルの名前が記されていた。他の停留所にも様々な名前を見つけることができた。

　１章のヒューストンでも停留所が地域アーティストの発表の場になっていることを紹介したが、ポートランドも同様で、路面電車ＭＡＸの停留所シェルターの柱は、近隣エリアの特色を表現したきれいなガラスモザイクのアートで覆われている。停留所で待っている間も、こんなガラスモザイクがあると楽しくなる。

　ＭＡＸの終点は通勤列車への乗り換え地点となっているが、そこのプラットホームには、

ジョンソンクリークの水と魚のガラスモザイク

停留所

りんごがモチーフのガラスモザイク

停留所に記されたスポンサー名

少し奇妙な感じもする様々な表情の顔の彫刻がある。

　また路面電車軌道と車道との間の植栽エリアに、さびた鉄色のボートのようなオブジェが数隻置かれている所もある。近隣エリアの自然の歴史も表現しているアートでアリ、こんなところに何故？と考えさせられる。

　ポートランドのティリカム・クロッシング橋の夜景については5章にもあげているが、この夜景は単にきれいなだけではない。橋の下を流れるウィラメット川の流れを反映させていて、流れの速さや高さ、水温によって光の色を変化させている。ガラスモザイクアート同様に、これもポートランドのTriMet（ポートランドの大量輸送を運営する機関）パブリックアートプログラムの一つである。

白樺の幹がモチーフのガラスモザイク

ボートのある植栽エリア

ティリカムブリッジの光

様々な表情の顔

第5章
人のいる風景

交通施設としての路面電車が開通すると、人々の流れが変わる。人の集まる場所が変わり、移動するルートが変わり、人数が変わり、集まる人の属性が変わり、移動の目的や移動時の心理や、さまざまな人の流れに関する特性が変化する。それが結果としてまちの風景に影響をもたらす。まちの風景は、建物など物理的な景観だけではなく、そこにどんな人がいるかによって大きく影響される。

ここでは、たくさんの人でにぎわっている様子、人々が安全、安心に歩いている様子、高齢者、子ども、身障者、観光客、外国人など、多様な人がいる様子、夜になっても人がいる様子に焦点を当てて、人の流動とまちの風景の関係について見ていきたい。

5-1 いきいきと活動するまち

路面電車は、歩く人をサポートするように人を運ぶ乗り物である。そのため、路面電車の停留所付近や沿線にはたくさんの人が歩いている。まちを活性化させるためには、歩く人がたくさんいることが必要条件である。店の前の道路をいくら多くの自動車が走ろうとも、どこかに車を止めて降りてもらわなければものは買ってもらえない。しかし、店の前の道にたくさんの歩行者がいれば、そのうちの何割かが立ち寄ってくれて、さらにものも買ってもらえる確率が高くなる。このように、まちがいきいきと活動するためには、たくさんの人が歩いていることが必要である。路面電車が開通すれば、車とは違って、歩く人をたくさん連れてきてくれる。

路面電車の走っているまちに行くと、大通りにたくさんの人が歩いているのに驚く。特に、トランジットモールになっていて、自動車の侵入を規制し、路面電車と歩行者だけの通りになっているところの人通りが多い。

まず、モンペリエのまちである。ちょうど両方向の電車が着いたばかりで、たくさんの人が乗り降りして通りにも多くの人が歩いている。

夜のセビーリャである。9月中旬の現地時刻21時半ころである。30分ほど前までは空もほんのりと明るかったが、この時刻になるとだいぶ暗い。特に催しものがあったわけではないが、スペインの21時半はこれからディナーという時間帯だし、近くのセビーリャ大聖堂やアルカサルなどの世界遺産もまだ開いているので、これから食事しようという人や観光客で人通りは多い。この辺りは自動車は侵入してこない。

セマナ・サンタの祭りが近いと、電車通りでも人でごったがえす。電車が運休しているわけではない。時々電車が来るが、人は自然と軌道から離れる。基本的にト

夜のセビーリャ大聖堂前

電車から降りてくる人々

ランジットモールは歩道であって、電車はそこを通らせてもらっている、つまり電車より人のほうがえらい、という感覚である。

アンジェのラリュモン広場も電車が通る前は自動車が入ってきていたが、電車開通後は地下に駐車場を設けて電車と人だけの広場になると、人であふれかえるようになったという。

ニースのマセナ広場の入り口付近である。ニースはコートダジュールの代表的な都市であり、世界中からの観光客も多い。海岸も近く、この写真の中にも浮き輪を持っている人もいる。マセナ広場の周りには、歴史的遺産や噴水、公園、買い物施設、ホテルなどが並んでいて、たくさんの歩行者がいる。

トゥールは、路面電車開通に合わせて大通りをトランジットモールとしたために、たくさんの散歩する人や買い物客で、通りが埋め尽くされている。トランジットモールの良いところの一つは、道路の横断がどこでも可能ということである。信号など気にしないで、どの店にも気軽に道を横断して行けるので、沿道の店にとっても都合が良い。画面左側に

マセナ広場

お祭りでごったがえす人々

トゥールの通り

ラリュモン広場

自動車が顔を出しているが、大通りと交差する自動車通行が可能な道があって、大通りを渡って反対側に行くことは可能にしてある。

ボルドーの路面電車は4系統、総路線長も90km近くあり、都市の基幹交通である。車両は5連接または7連接で1編成となっていて、どの電車にも人がたくさん乗っている。電車が停留所に着くたびに多くの人が乗り降りし、まちに散っていく。

ストラスブールの旧市街地にある路面電車の結節点オンメデフェール（鉄の男）駅周辺は、いつも人でいっぱいである。特色ある停留所の丸屋根は、今やランドマークとなっている。

リヨンのローヌ川とソーヌ川にはさまれたラ・コンフルアンス地区は、かつての工業地区が再開発され、美術館、ショッピングセンター、ホテル、レストラン、オフィス、高級マンションなどが立ち並ぶ一大集積地区となっている。路面電車のオテルドリージョンモントロシェ駅で降りればよい。路面電車の開発に合わせて再開発され、人でにぎわう商業地区となった良い事例である。

ラ・コンフルアンスの人出

停留所の人混み

ソーヌ川沿いの遊歩道、建物群

鉄の男駅

ブザンソンのこの通りもトランジットモールになっており、人々は自由に軌道上でもどこでも歩いている。そろそろ日も暮れてきて、家族や友人・知人のそぞろ歩きが多い。ご飯やコーヒーを飲もうと、路面電車通り沿いのカフェやレストランに入る人もたくさんいる。

オルレアン大聖堂前でも、ビトリアの横道にも、ほんとにたくさんの人がしかものんびりと歩いている。

日本でも、たとえば休日の夕方の繁華街など、満員電車並みの人通りのときもある。しかし、真ん中に自動車が通る車線があるので歩行者は歩道にのみ追いやられ、余計に人混みがひどくなっている。道のあちら側の店に行きたくても、いちいち信号待ちしなければならない。その点、ここで紹介したトランジットモールの道では、時折通る電車に気をつけながら、道一杯に人が歩けるのでたくさん人はいるがゆったりと、自由横断で道のどちらの店にも行けて、ショッピングの環境は整っている。その分、まちも活気が生まれている。

自動車という乗り物の最大の欠点は、家から車で出かけると、最後、家に帰るまでずっとその面倒をみてやらねばならないところにある。通りを走っていて気に入った店を見つけても、手間暇とお金をかけて駐車できる場所を探さねばならない。その点、路面電車に乗っていて目に入ったよさそうなところへは、次の停留所で降りさえすればよい。特に欧州の路面電車の切符は時間制を取っているところが大半

夕暮れ時

電車道の横道

オルレアン大聖堂前

で、その時間内なら何回乗り降りしてもよいので、気楽に店に立ち寄ることもできる。

路面電車は、中心市街地に大変適した乗り物であり、人を集めてまちに活気をもたらす重要な都市のツールである。路面電車の走っているまちに行く機会があれば、ぜひともまちのにぎわいを実感してみて欲しい。

5-2 安全・安心に憩える空間

路面電車開通と同時に広場や駅前などの都市公共空間が、歩行エリアに生まれ変わる。商店街のある街路がトランジットモールになる。歩道や遊歩道が新しく設置あるいは改良される。こうした歩行者のためのさまざまな政策が実施されることにより、交通事故の危険性や自動車通行への不安感が減少する。安全に歩けるようになることで、その地域や区間の歩行者が増加し、それが人々の安心感の向上につながる。このようにして、人々が安全・安心にのんびりと歩き、憩い、くつろぐことによって行きたくなるような心穏やかなまちの風景がつくりあげられる。

両側に路面電車が走り、それに挟まれた空間は遊歩道として整備されたサラゴサの風景を紹介しよう。

この遊歩道には車は入ってこないし、噴水や遊具、ベンチなどが設けられ、また簡単な売店もある。遊歩道にはのんびりと人が歩いている。並べられたベンチには、お年寄りを中心に人々がくつろいで座っている。ベビーカーの母子におばあさんが声をかけている風景もほほえましい。とにかくこの遊歩道はべ

子ども連れの散歩

ベンチでくつろぐ人々

ビーカーが多い。緑が多く空気もきれい、何より自動車がいないということが子ども連れが増える要因だろう。のんびりと電話しながら歩いても安心である。簡単なカフェもあって、たくさんの人がくつろぎながら飲み物片手に談笑している。

ブザンソンではデュ川沿いに遊歩道が設けられ、やはりそこにもベンチでくつろぐ人たちが見られる。空もだんだん夕暮れに染まりつつあり、去りゆく夏の一抹の寂しさが感じられるが、夕暮れ時の川縁は気持ちがいい。

デュ川沿いの遊歩道

レボルシオン広場

赤ちゃんとお年寄り

電車通り沿いのカフェ

電車通り横のオープンカフェ

レボルシオン広場でも子ども連れがかなり多い。子どもを連れてこられる場所は、大人にとっても安全、安心、快適である。ブザンソンのカフェのすぐ前を路面電車が走っている。自動車の走る道路が真横にあれば、騒音、排気ガス、交通事故の危険などで、このようにのんびりとコーヒーや食べ物を楽しむ気持ちにはなれない。威圧感の少ない丸みをおびたデザインの電車が、ゆっくりと走る通りならではの風景である。夜を彩るのは建物の照明だけではない。十三夜の月がまちを照らし、夜のそぞろ歩きを楽しむ人の時間だ。

子ども連れの多いまちや乗り物はほんとに安心できる。

子どもに加えて、お年寄りたちがまちに出てきているのも、路面電車のような高齢者にもやさしい乗り物があるからだろう。

フランスではどこのまちに行っても通り沿い

十三夜の月と電車

お父さんと（アンジェ）

停留所近くのベンチでくつろぐお年寄り（ビトリア）

お母さんと（ビトリア）

にカフェがあるが、排気ガスと騒音の少ない電車通り沿いのほうがカフェも気持ちがよい。

見た目の景観という点からは、自動車の走る道に芝生は植えられないが、路面電車の軌間は芝生を植えることができる。このように多くの都市で芝生軌道や沿線の並木など、路面電車の走るところでは緑の多いことも環境面での心地よさや快適感につながっている。

トランジットモールのあるまちで、みちを歩いている時に自動車に気をつけなくてもいいことが、これほど安心感のあることなのかと実感する。また、交通事故や排気ガス、騒音の少ないところには、多くの子ども連れ、お年寄り、車椅子などの弱い立場の人たちがたくさん歩いていることにも気がつく。人々が安全、安心に歩けるようにするために、路面電車の果たす役割は大きい。

カフェ（アンジェ）

緑化された軌道空間（バルセロナ）

カフェ（モンペリエ）

カフェ（ランス）

5-3　多様な人々が行き交うまち

最近の路面電車車両は超低床式が多い。つまり、ホームと車両入り口との間に段差がなく、また車内もフラットになっている。その構造により、車椅子やベビーカー、あるいは高齢者や身障者にも乗りやすく、また車内移動が容易である。自動車を所有したり運転するのが困難な高齢者、身障者、免許やマイカーを持たない子ども、生徒、学生、低所得者、観光客、外国からのビジネスマンなどにとっても、使いやすい交通機関である。そのため、マイカー利用者よりも路面電車利用者のほうが多様性に満ちており、路面電車のあるまちにはいろんな人が歩いている。

路面電車は地下鉄のような上下移動もほとんどなく、バスのように乗車中に大きく揺れることもない。高齢者や身障者、子どもづれがまちに出かけやすい乗り物である。

路面電車のあるまちでは、車椅子の人や杖をついた人をよく見かける。車だらけのまちよりは出かけやすいためだと考えられる。パリは地下鉄が発達していて公共交通は便利ではあるが、やはり上下移動のない路面電車のほうが楽だとは思う。

高校や大学のそばを通る路面電車に乗っていると、下校時間帯にぶつかることがある。そのときにはたくさんの生

色んな人が乗ってくる路面電車（ナント）

お年寄りの二人連れ（ビトリア）

段差のない路面電車（クレルモン・フェラン）

徒や学生が乗車してくる。そのにぎやかなこと。どこでも若い人たちは元気である。彼ら、彼女らの、ファッションや動作を見ていると色々興味深い。旅行に行って、言葉の関係で現地の人たちと簡単には交流できなくても、いろんな人が乗ってくる路面電車では、観光バスでは決して見ることのできない光景、風景をみることができる。

路面電車は、市内の主要観光地をつないでいることが多いので、個人観光客もよく見かける。ツアーなど団体客はあまり見られないが、フランス、サンテティエンヌで路面電車に乗るツアー客を見かけたことがある。この電車はレトロなもので、普段サンテティエンヌで運行しているものとは異なる。電車に乗ろうとしていた人たちは、ドイツ語をしゃべっていたので、たまたまこの日に開催されたレトロな電車に乗る催しに、おそらくドイツから来た団体客の人たちではないだろうか。どこの国にも電車好きの人はいるものである。観光バスでくるくる回るよりも、電車の旅のほうが色々興味深い。

フランスやスペインには、アフリカや中東

杖をつく人（パリ）

車椅子とベビーカー（サラゴサ）

レトロな路面電車に乗る外国の観光客

杖をつく人（ルーアン）

にルーツを持つ人も多い。まちは民族、宗教、言語などの面で多様性に満ちている。住んでいる人のみならず、海外からの観光客やビジネス客もたくさん歩いている。

しかし、特にフランスでは社会にうまくとけこめない人も多い。都市周辺地区には、フランスの歴史的経緯から移民およびその2世、3世、あるいは低所得者層のための社会住宅が形成されている。こうした地区の住民は、既存の社会にとけこみにくく、独自のコミュニティを形成し、またそれらの地区は治安悪化やスラム化することが多い。自動車の保有率も低いため、利便性の高い公共交通がなければ都心にも出てきにくい。そこで、これらの地区の古い住宅団地を再生し、合わせてこれらの地区と都心とをつなぐ安価で利便性の高い路面電車を整備することで、社会的に孤立している人々を都心に呼び込み融和を図る手立てとされている。このようにフランスでは老朽化した団地再生と路面電車整備が、一体のプロジェクトとなっていることがよくある。路面電車計画の部署へのインタビューでは、路面電車新規開通の目的の一つとして、「社会的孤立の解消」ということがよく掲げられている。

写真はモンペリエの郊外団地のあるモッソン駅で、路面電車の終点である。電車の背景にある建物は、路面電車開通に合わせてリニューアルされたものである。モッソン地区には、1960年代以降アルジェリアからの移民を受け入れ、それらの住民が多く住んでいる。人口も多いが治安上の問題もある地域であった。モンペリエには、現在4系統の路面電車路線があるが、最初に導入されたLine1はこのモッソン地区と都心とをつなぐように敷設されている。

ル・アーブルのモンガイヤール地区、コークリオビレ=プレフレーリ地区は、移民や低所得者層向けの団地があるところであるが、社会的な孤立の見られる地区でもある。両地区とも、ル・アーブル都心から見て山の向こう側にあり、2012年の路面電車開通に際しても、そのためのトンネルを建設してこれら地区と都心と

プレフレーリ駅

モッソン駅

をつないでいる。路面電車開通に合わせて団地は美しくリニューアルされ環境整備が図られている。

　ブレスト郊外に位置するポンタネゼン地区は、やはり社会的に孤立した場所であり、治安の悪さではブレスト市のワースト1であった。2012年の路面電車開通に合わせて、四つの社会住宅を壊して団地のリニューアルを行った。写真は停留所にあった案内図を撮影したものである。案内図上で○印の付いたポンタネゼン駅を通る電車ルートが不自然に直角に曲げられているのがわかる。電車のルートは、わざわざポンタネゼン地区中心部を通過するように広幅員道路から迂回させて敷設されている。その結果、地区の治安はワースト1からワースト4に向上し、また周辺地域に民間住宅の建設も進むなど多様な人々の融和に向けて進んでいる。

ポンタネゼン地区

プレフレーリ駅

新たに建てられた民間住宅

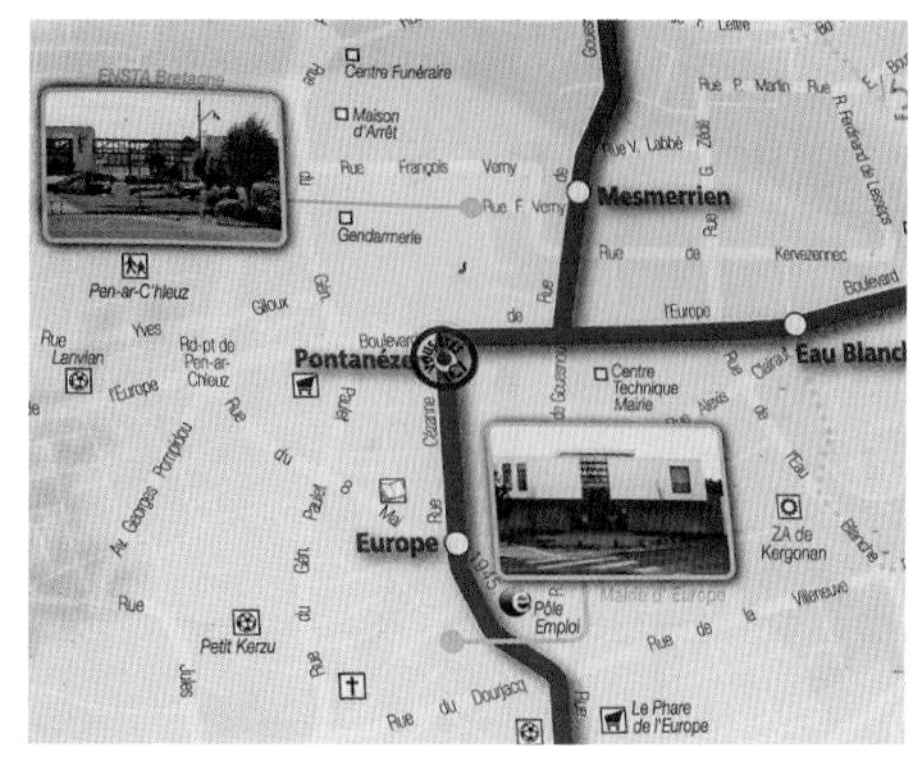

ポンタネゼン停留所の案内図

5-4　夜になると見えてくる風景

安心して歩けるまちは、夜もまちに出てみようと思わせる。夜にも人が出歩いていてにぎわいのある風景はそれなりの夜景をつくり出し、それがまたほかの人たちに呼びかけ、出かけてみようという気にさせる。夜景が美しいことと夜の人出は互いに影響しあう相互関係がある。

夜景が美しいと、昼とは違う夜のまちも楽しみたくなり、街に出てきてレストランで、天気が良ければオープンテラスでディナーに舌鼓をうったり、その後散策したりしたくなる。路面電車のある街では往々にして夜にも人々がまちを散歩し、食事やウィンドウショッピングを楽しんでいて、昼とは違う夜の活気ある風景を目のあたりにする。

そこでここでは、路面電車のある街での魅力的な夜景がどのようにつくり出されているのかを探ってみよう。路面電車整備に併せてつくられた橋のような大規模建造物のイルミネーションもあれば、沿線建物のライトアップと関連して現れてくるもの、停留所や車両のあかりそのものがつくり出すものなどを思い浮かべることができる。

このような視点に留意しながら、美しい夜景を見ていこう。

まちをつなぐシンボル、橋のイルミネーション

アメリカ、オレゴン州のポートランドでは路面電車整備の一環として、都市の中心部を流れるウィルメット川に新たに路面電車と歩行者、自転車、バスを対象とした橋、ティリカム・クロッシング橋を架けている。市の東西を結ぶシンボルでもあ

ティリカム・クロッシング橋全景

川沿いのレストランからティリカム・クロッシング橋を眺める夜景

り、この白い斜張橋はそれだけでも美しいフォルムをつくり出しているが、夜にはイルミネーションによってそのシルエットが浮かびあがりさらに美しい夜景をつくり、遠くからも目に付き、また、川沿いのレストランエリアに集う人たちにもボートとともに楽しい雰囲気を醸し出している。

フランスのブレストにも同様の橋が見られる。ブレスト都心部のトランジットモールから軍港を渡るルクヴランス橋は、その橋脚が緑、青、ピンクなどの複数の色に変化しながらライトアップされる。トランジットモールと連なっているため、モールを散策しながら港のほうに出ると、今度は橋のライトアップが視界に入り、そしてライトアップされている軍港、係留されているボートや川沿いのレストランの光へと視線がつながっていく。いくつもの夜景が連動していくことによって、先へと人の興味を引いていく街の夜景が演出されている。

ライトアップされる歴史的建造物とともに

ボルドーでは、日暮れごろからは観光地としても有名なブルス広場を取り囲む18世紀の宮殿のような証券取引所のライトアップを背景に、丸い顔

トランジットモールエリア

ルクヴランス橋のライトアップ

軍港エリアに連なるヨット群

ルクヴランス橋の全景

の路面電車のシルエットが通る。手前に広がる水鏡には、その風景が映り込み、水鏡周辺には何人ものカメラマンがそのタイミングを待っている風景まで見られる。

ナントでは、1章でも見出し写真に乗せているが、ブルターニュ公爵城と水鏡のエリアが美しい夜景を構成している。公爵城壁に投影されるアート、水鏡の多様な表情と形や色を変えながら噴き上がる噴水を眺めながら路面電車に乗るのはとても楽しい。ここにも、水鏡に映り込むお城と路面電車を撮影しようとするカメラを構えている人がいる。

セビーリャでは、歴史的建物物のライトアップとともに、街灯が味わいのある夜景を演出している。路面電車と人のための道だからこそ生まれてくる夜景であろう。

ランスでのオペラハウスは、定期的に変わるカラフルな色彩でライトアップされている。同様のカラフルな色彩は停留所シェルターの天井にも見られ、これらは路面電車車体の多彩な色に対応している。光がつくる建物ファサード、シェルター天井の色と路面電車の色彩とが一体となって昼とは異なる夜の

ブルターニュ公爵城前の水鏡と噴水

証券取引所前の噴水と路面電車

水鏡の縁のカメラマン

ブルターニュ公爵城壁のアート

風景をつくっている。

停留所・車両が生み出す夜景

次に停留所に目を向けてみよう。停留所のライティングのデザインによって、昼間とは全く異なる風景をつくり出すことができる。

サラゴサの停留所シェルターは乳白色の箱のような柱で屋根を支える独特のフォルムをしている。この乳白色の部分がライトになっていて夜になると光る。周囲からは周囲に居る人々がシルエットとして見えてくるのである。一定間隔で配置される停留所は遠くからも目立ち、一度見ると忘れられないような夜景のシーンをつくり出している。

また同様に、停留所の背の高いライトポールも遠くから目に付き、夜景に一役担うことができる。トゥールの停留所の四角く高いポールは白と黒のストライプの面と、光る面

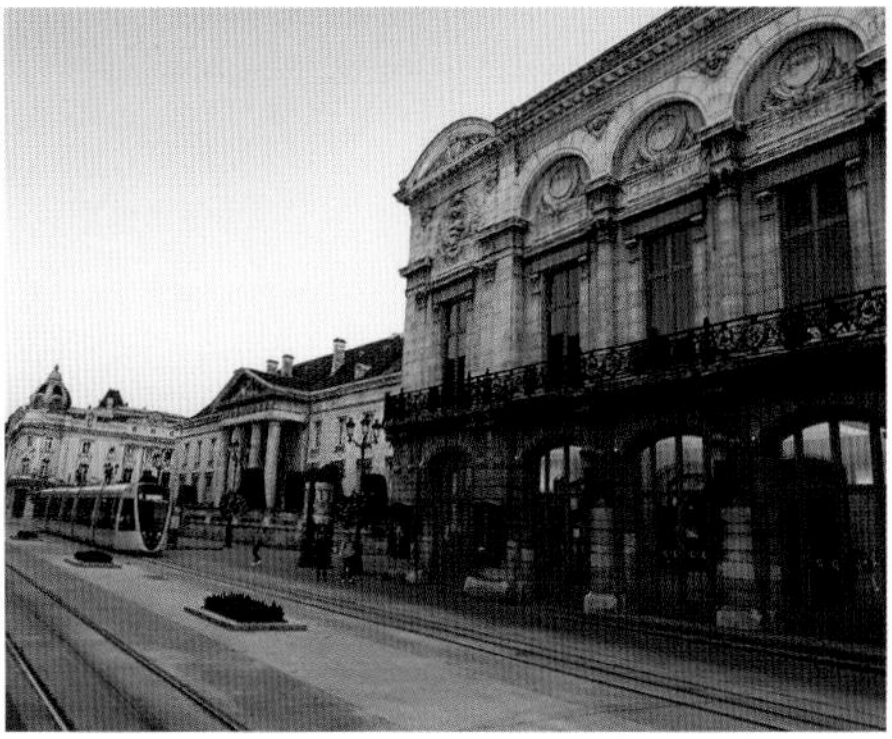

オペラハウスのライトアップ

セビーリャ大学前の夜景

停留所シェルターのライト

オペラハウスのライトアップ

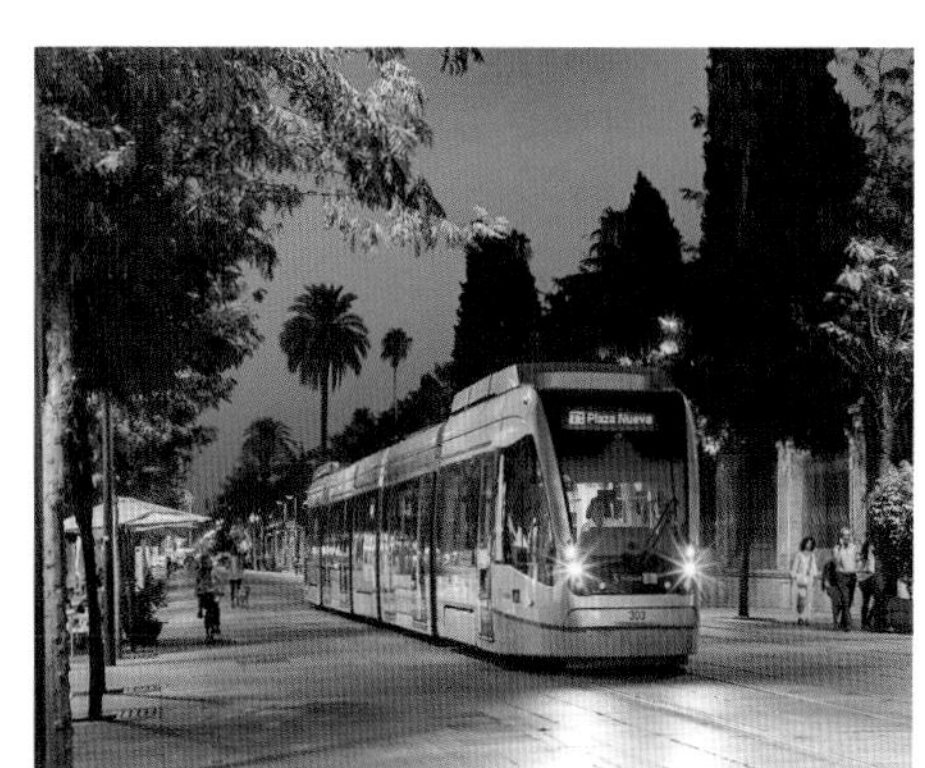

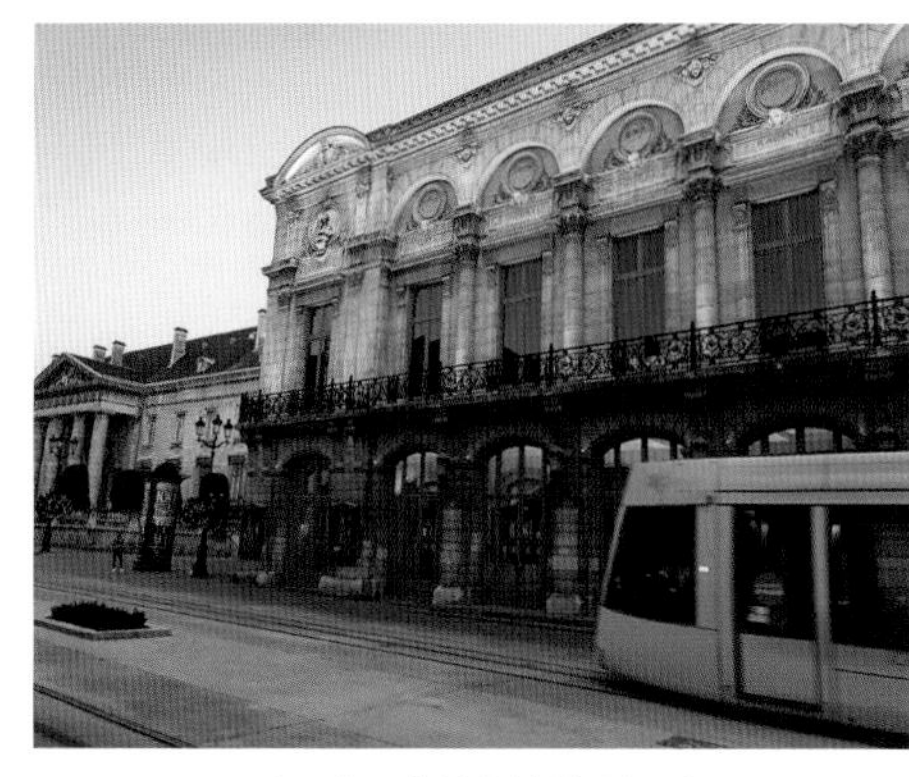

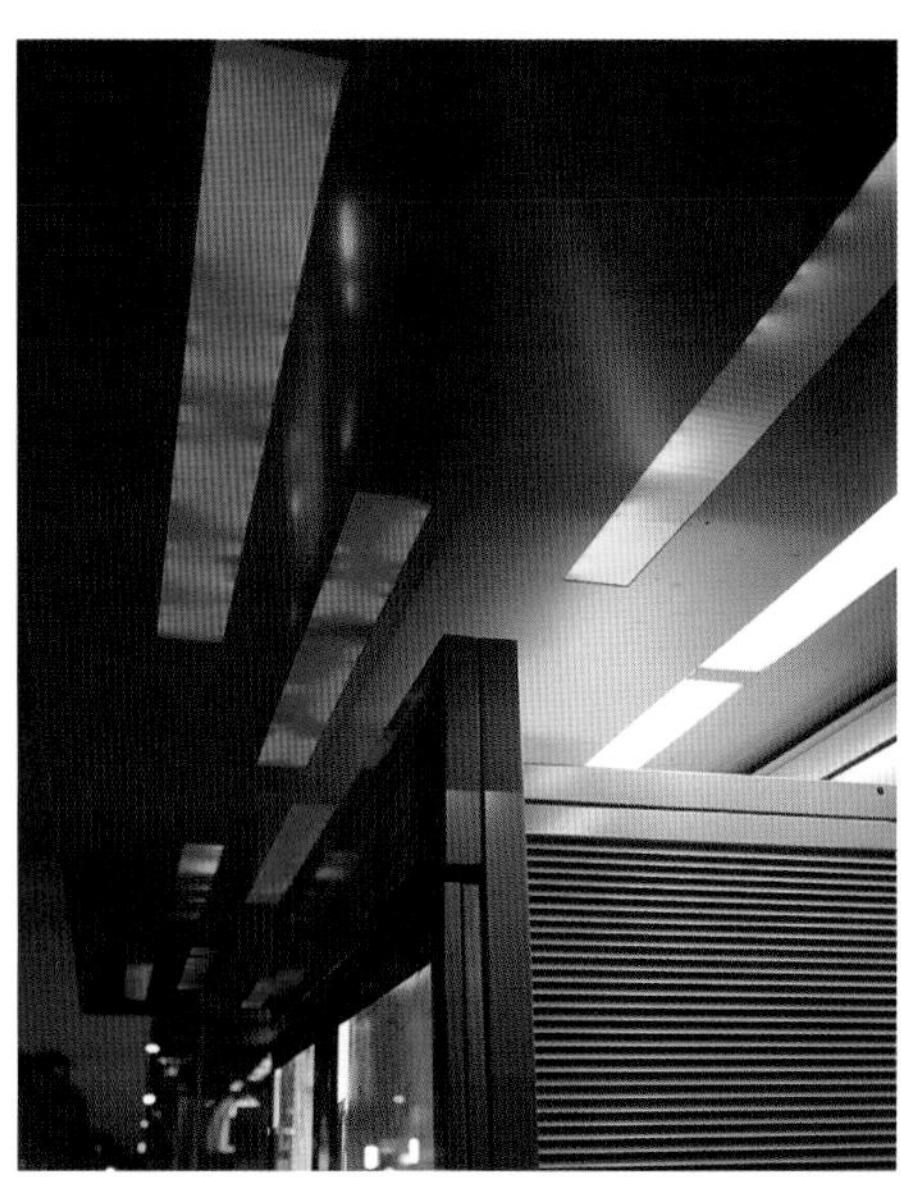

から構成されている。昼間には、ストライプが目立ち、夜になると縦に細長い1本の光のラインが目立ってくる。

停留所シェルター自体をオブジェのようなにデザインするときもある。先にあげたポートランドの分岐点停留所シェルターであるが、夜になると内側の光がもれ、おもしろいオブジェとなる。

そして、路面電車の車両デザインそのものも都市の夜景に貢献できる。

トゥールのシャープな車両はその顔の両脇に特徴的なスリムな光のラインが入っている。ほかの都市にはない風景をつくり出している。

シルエットをかたちづくる停留所

夜の分岐点停留所

車両デザインの光

停留所のライトポール

路面電車の界隈で

路面電車が広場や歩行者空間を通っている時や、停留所に隣接して商業施設が広がっている時、また路面電車の軌道脇に旧市街が隣接して広がっている時など、夜になると路面電車界隈のレストランやカフェなどで、食事や食後のひとときを愉しむ人々の姿、広場や路面電車界隈を散策したりウィンドウショッピングをする人々の姿が見られる。このような人々がいる風景は互いに夜の時間を楽しくさせ、まちに賑わいをもたらす大事な要因となる。

路面電車界隈で音楽を楽しむ（ボルドー）

路面電車に沿って夜の街を散策（サラゴサ）

路面電車界隈で食事を楽しむ（ボルドー）

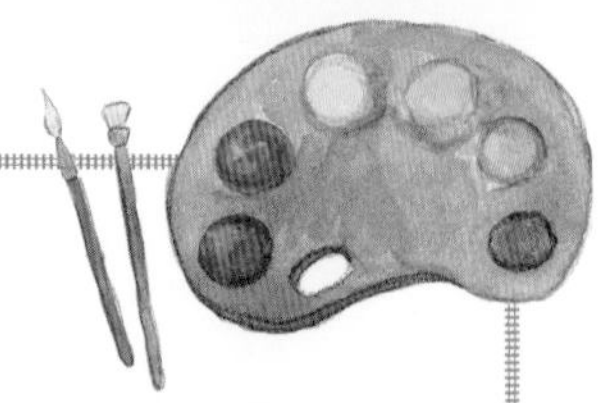

コラム

チケットからの気づき

券売機の配色（ディジョン）

ディジョンの路面電車

券売機の配色（ビルバオ）

注意深く観察していくと、路面電車に乗るチケットを購入する券売機、チケットそのもの、チケットキャンセラー、車内の握り棒、停留所近辺の駐輪場などにも同じ色調や関連するモチーフがあることに気がつく。

停留所でまず目を引くのはシェルターだが、そこにある券売機にも目を向けてみよう。ディジョンではチェリーピンク、ビルバオでは黄緑色、トゥールーズでは青、黄、白の三色スミレの色が券売機に使われている。車両を思い出すと、これらの色は車体と同じであることがわかる。こうなると、次はどこに同じ色があるのかと気になってくる。

乗車するとまずチケットキャンセラーにチケットをタッチするのだが、ディジョンのチケットキャンセラーにはチェリーピンクのライトが付いている。チケットを当てるとライトがピンクから緑に変わる仕組みだ。また、ドア周辺の天井のライトも、ドアが開くと白からチェリーピンクに変わる。何気ないところの遊びに気づくと。新しい発見がおもしろくなる。

では、ナントの車体のアクセントカラーとなっている緑はどうだろう。注意していると三角屋根のある停留所の透明パネルの縁取りに同様の緑があることが見えてくる。

ル・マンの車両の少し渋いオレンジ赤もP&Rだけではない。停留所近辺のフェンスのトップやシェルターの屋根の縁取り、バックパネルのパターンの配色、広場のプランターボックスの色など、多岐にわたって見つけることができる。

券売機の配色（トゥールーズ）

細い緑の縁取り（ナント）

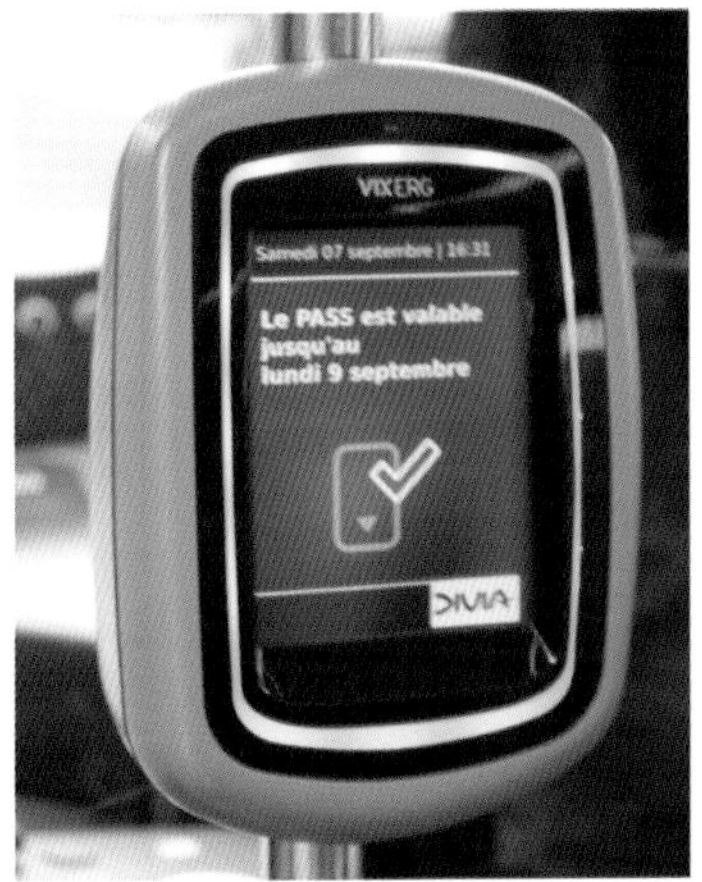

チケットキャンセラー　切符を当てると
ピンクから緑に（ディジョン）

チケットキャンセラーの
ショッキングピンクのライト（ディジョン）

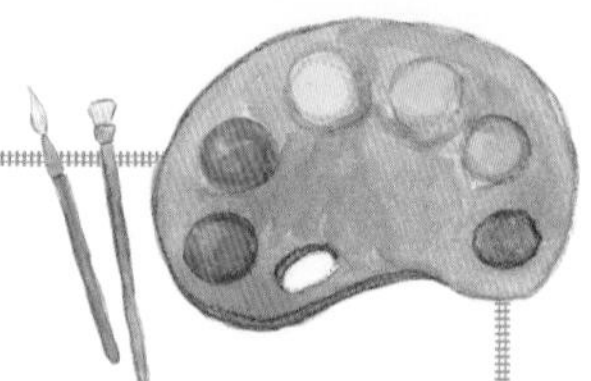

カラフルな遊び心満載のモンペリエの路面電車では、そのチケットに車体と同じデザインモチーフが使われている。チケットを集めてみるのも楽しそうだ。

シェルタートップの縁取り

ドア周辺の天井ライト（ディジョン）

シェルターのパネルのパターン

ドアが開くとライトがピンクになる（ディジョン）

ゴールドの車両

モンペリエのチケット

第6章
新しい路面電車はどのように計画されたか

新しい路面電車が通るとまちの風景は大きく変わるが、自然発生的にそうなったわけではない。自分たちのまちをこうしたいという思いで路面電車プロジェクトが立案され、その結果としてまちの風景がより魅力的なものになったのである。ここでは、フランス、スペイン、イギリスの新たに路面電車を開通させた14都市で、路面電車プロジェクトに携わった人たちに行ったインタビューの結果に基づいて、「新しい路面電車はどのように計画されたか」を解説する。

開通してから100年以上の歴史を持つ路面電車の走る都市は、世界で数百はあるが、それらの都市で路面電車はまちの風景として完全にとけこんでいる。一方で今回取り上げた都市の路面電車は開通してから10~30年のものがほとんどであるが、これから長い年月をかけてまちの風景にとけこみ、新しい風景を生み出していくことだろう。

では、これらの新しい路面電車は、最初どのように計画され、その中でまちの風景への影響についてどこまで考えられ、デザイン面でどのように扱われてきたのかについて考えてみたい。

路面電車は交通機関であるから、その本来的な役割はある地点からある地点へ人を運ぶことである。しかし、路面電車に乗らなくても車両や停留所や架線・架線柱など、路面電車システムを構成する要素が、都市空間に存在するだけでさまざまな役割を果たす。つまり、交通手段としての機能だけではなく、その整備によって自動車に占有された道路空間を歩行者空間に取り戻し、都市公共空間をリ・デザインしたり、都市の新しいシンボルになったりと、路面電車は多様な働き方をする乗り物である。これまでの事例の中で見てきた新しい路面電車は、最初からこうした役割を期待して計画されていたものもあるし、計画当初以上の影響をもたらしたものもあると思われる。

私たちは、この約20年の間に新たな路面電車を開通させたフランス、スペイン、イギリスなどのほとんどの都市で現地踏査を行ったが、外から見ているだけでは路面電車プロジェクトが、どこまでのことを考えて立案されたのかがわからない。そこで、路面電車新設がなされた都市の内、フランス9都市、スペイン4都市、イギリス1都市の14都市を選び、2013年9月から2018年9月までの5年間に、各都市の交通行政担当者らにインタビューを行った。インタビューではさまざまなことをヒアリングしたが、ここでは主に路面電車はどのような「整備目的」で計画されたか、整備目的を実現し市民に目に見える形での「デザイン計画」はどのようなものであるかの2点を中心に紹介しよう。

インタビューを行った都市は、フランスではナント、モンペリエ、オルレアン、ボルドー、ル・マン、アンジェ、ブレスト、ル・アーブル、トゥールである。スペインでは、ビルバオ、ビトリア、サラゴサ、セビーリャであり、イギリスはノッティンガムである。インタビュー担当者は、フランスの各都市ではメトロポール(広域行政体)の交通政策を管轄する副市長や交通部の部長職の人である。スペインの各都市では、州や市の100%出資会社の路面電車運営事業者の部長職の人であり、いずれも行政からの出向者である。イギリスでは、ノッティンガム市のLRTプロジェクトオフィスの責任者である。どの担当者も、本章で紹介するインタビュー内容について責任と権限を有した人たちである。

表6-1は、インタビューした14都市の一覧である。開通年順に並べている。やや古めのナント1985年を除けばすべて2000年以降に新たに開通した都市ばかりである。日本ではあまりなじみのない都市もある。路面電車がその都市の基幹交通となっているのは、人口規模でいえば20～30万人程度の地方都市が多い。しかし、いずれもその地方の中心都市であり、歴史も古く美しいまちである。機会があればぜひとも訪れて欲しい。ここで取り上げた14都市のいくつかは第1章で詳しく説明しているのでそちらも読んで欲しい。

表6-1　インタビューした都市一覧①

都市	開通年	整備目的	デザイン計画
ナント	1985	バス交通がパンク状態 効率的な公共交通機関の導入が必要	ラウンドアバウト交差点路面電車走行のため交通規制 信号システムや認可方法等路面電車のための規制 デザイン委員会（民間から公募）を設置
モンペリエ	2000	都市計画の問題解決 第1路線では治安問題解決 鉄道によって分断された街を一つに 学生移動手段の提供 交通問題解決　バスより高い輸送能力が必要	バスと路面電車の役割分担　P&R（パークアンドライド） 路面電車のデザインはコンペ デザイン選択にはオリジナリティを重要視 住民投票なし Commission Agglomation の President がデザインを決定 路面電車のデザインと他のアーバン・デザインとの繋がりは特になし 明確な将来像を持って市長がリーダーシップ
オルレアン	2000	アクセシビリティー向上 車を少なくする まちを美しく	路面電車路線のネットワーク オルレアン独特のモチーフ、地元の著名な企業ゲランがデザイン 軌道敷や停留所は周囲に合わせ、カテドラル周辺では大きな設備を配しない
ビルバオ	2002	街の活性化 バス網と路面電車網（都市内公共交通）をシームレスにつなぐ バスク州全体に公共交通網を整備すること	歩行者ゾーンの拡大 路面電車とバスとの連携 停留所・車体デザインはコンペ、最終の8案から一般人によるアンケートで選出
ボルドー	2003	持続可能な都市としての成長 コンパクトシティを目指した都市再生 交通混雑や環境汚染問題のため、街中の車を減らす 公共空間の見直し 自転車の見直し、公共交通機関の提供	景観保護のために架線をなくす 路面電車は都市政策のシンボル、特にガロンヌ川の水辺では路面電車と一体となった修景 デザインコンセプトは金属、鉄道の雰囲気 軌道の1/3は芝生軌道。葡萄の生け垣 路面電車建設時には伐採以上の植樹 アーバン・アートとして沿道にオブジェを配置
ノッティンガム	2004	1. 交通渋滞解消 2. 環境問題：CO_2 を出さない社会への転換、人に優しい環境への転換 3. 経済活性化：単に路面電車導入ではなく、持続可能な市民の住環境の向上と経済発展のために、歩行者空間も含めた総合的交通計画の中での路面電車導入	路線に市民の意見を配慮 従来の路面電車のマイナスイメージ払拭のために名称をNET(Nottingham Express Transit)と名付け、ロゴ、シンボルカラーも作成
ル・マン	2007	単なる交通事業ではなく都市構築プロジェクト 都市改造 都心エリアから車排除、歩行者ゾーン拡大 鉄道駅をマルチモーダル結節点に	駅前広場を車から人に開放、市中心部の大広場をラウンドアバウトから広場に 芝生軌道も多く設置 車体等デザインは内部デザイナーが担当。車両価格が重要 デザインは市民投票ではなく評議会が決定

註*）開通年とは、複数路線ある都市では最初に開通した路線のもの

表 6-1　インタビューした都市一覧②

都市	開通年	整備目的	デザイン計画
セビーリャ	2007	環境への配慮が第一 バスサービスでは不十分 環境に配慮された交通	カメラとインターホンで停留所とコントロールセンターをつなぐ 同センターで路面電車とバスの位置把握 行事のために路面電車の架線をなくす 市内主要道路に大々的に自転車道整備も実施 セビーリャ駅までの拡張計画あり
ビトリア	2008	環境保全を目的とした公共交通機関整備 （バスク州全体に公共交通網を整備すること）	緑地帯・歩道・自転車道の充実 停留所・車体デザインはコンペ、最終の 8 案から一般人によるアンケートでデザイン決定
アンジェ	2011	交通渋滞によるバス利用率の低下 主要施設をリンク 都市開発との連携 都心の車を減らし生活の質を高める 路面電車による再開発	デザインコンセプトは二つの街の交流。地域や環境の特徴をデザインに反映 専用の新規架橋 広場の外周道路を排除して人のための広場に再生 広場スペースの拡大、広場から車を排除　P&R 市民の意見を吸い上げ、市長や Metropole の長が決定 軌道周辺のオブジェや橋のデザインは市が基本の考え方を示してコンペ
サラゴサ	2011	持続可能なモビリティ形成 都市持続性を保つための手段 経済、環境、技術、社会	停留所屋根の上に植栽して停留所を涼しく。芝生軌道 優先信号、回生ブレーキシステム、軽量車輌とACR急速充電システム 車椅子利用者への多様な対応（席数、降車システム） 車輌、停留所デザインはデザイナーへ依頼 市民や障害者団体の意見を元に専門部門と市長が決定 停留所・車内のカメラとインターホンで客はコントロールセンターとやりとり
ブレスト	2012	経済、環境、社会的統合、交通から構成された持続可能な街づくり 路面電車を通して都市計画・安全対策・生活環境の改善	都市改造。 ①経済発展プロジェクト　経済の核となる開発　7 カ所 ②社会的統合、治安問題地区に路面電車を通しイメージ一掃 ③環境（生活）の質：ファサードからファサードまでの公共空間を一新 軌道半分以上を緑化。都心部駐車場はレストランテラス席に ④持続可能な交通、都心部の道を歩行者空間へ　P&R 車輌デザインはデザイナー。50 人ほどの市民投票で選ぶ
ル・アーブル	2012	都市内輸送量の増大 都市活性化のための公共交通整備 道路環境の改善 交通バリア解消	芝生軌道で騒音減少と緑化 コントロールセンターを配置してバス・路面電車の位置把握 都市イメージと路面電車のデザインコンセプトは統一 デザイン会社がデザイン担当、計画主体が複数案選び、最終案は市民投票も含めて議会が決定
トゥール	2013	街全体がよくなることを目指す、美しい街の景観 都市再編、都市美化、雇用促進 路面電車と細かいバス網による交通網再整備 路面電車とともにライフラインの移設工事	路面電車導入時の大改造： ①車道減、歩行者道やサイクリングロードの充実（例えばウィルソン橋） ②新たな橋を設置して環状道路で分断された街をつなぐ ③鉄道と路面電車のリンク デザイン専門チームの存在。デザインコンセプトは「鏡」、周りの風景が映り込む 車体と停留所の一体化、都市との一体化 軌道はエコロジカルな視点から緑で覆う 車輌デザインは市民の意見とアーバンコミュニティによる選択 景観と調和

註 *）開通年とは、複数路線ある都市では最初に開通した路線のもの

表6-1にしたがって各都市の路面電車プロジェクトの内容について見てみよう。都市によって、また整備された年代によって違いがあることがわかると思う。

(1) 路面電車の整備目的

路面電車は交通手段の一つであり、それゆえ路面電車整備の目的に都市交通問題の解決があるのは当然のことである。表6-1の都市の内、もっとも新設路面電車の開通が早かったナントでは、「バス交通がパンク状態」という問題解決のために路面電車整備がなされている。ほかにもモンペリエで「バスより高い輸送効率が必要」、アンジェで「交通渋滞によるバス利用率の低下」などの、都市内公共交通としてのバス輸送効率が課題となり、バスよりも大量輸送が可能な路面電車の導入が図られたことがわかる。このように、今回調査を行った各国の地方都市においては、路面電車整備の当初の目的はバスの限界をカバーするための都市内公共交通輸送問題の解決であった。

2000年に入ると、市内公共交通の量的な問題のみならず、「車を少なくすること」（オルレアン）、「街中の車を減らす」（ボルドー）など、都市内の自動車による混雑や環境悪化への懸念から、マイカーから転換させるための路面電車整備という観点からの計画が出てくる。都市交通をネットワークとして整備するという観点から、「単に路面電車導入ではなく、（中略）総合的交通計画の中での路面電車導入」（ノッティンガム）、「鉄道駅をマルチモーダル結節点に」（ル・マン）、「路面電車と細かいバス網」（トゥール）、「バス網と路面電車網をシームレスにつなぐ」（ビルバオ）などの公共交通網計画の中で路面電車を位置づける動きが出てきている。

次に環境面からの路面電車整備の必要性として、当初は自動車がもたらす騒音や大気汚染などの直接的な環境汚染がイメージされていたが、時代が進むにつれて、「都心エリアからの自動車排除、歩行者ゾーンに」（ル・マン）、「都心の車を減らして生活の質を高める」（アンジェ）、「交通バリア解消」（ル・アーブル）、「環境に配慮された交通」（セビーリャ）、「環境保全を目的とした公共交通機関整備」（ビトリア）、「CO2を排出しない社会への転換」（ノッティンガム）など、都市の生活の質の向上や持続可能な都市と交通をめざした環境配慮型の都市交通整備という観点が強くなってくる。

さらには、交通計画、環境計画以外にも、「街の活性化」（ビルバオ）、「コンパクトシティを目指した都市再生」（ボルドー）、

「単なる交通事業ではなく都市構築プロジェクト」（ル・マン）、「都市開発との連携」（アンジェ）、「経済、環境、社会的統合、交通から構成された持続可能な街づくり」（ブレスト）、「都市再編、都心美化、雇用促進」（トゥール）、「経済活性化」（ノッティンガム）などの、都市の活性化・再生計画の中で路面電車に大きな役割を担わせる計画、あるいは路面電車を都市整備の基盤と考えた計画が、特に近年になって増加した。また、ブレストで掲げられた「社会的統合」とは、モンペリエ、ル・マン、ル・アーブルなどのフランスの諸都市でも計画中に見られるもので、フランスの歴史的経緯から、これら諸都市の郊外部に社会的に孤立して居住する移民・難民、その子孫などの人々を、路面電車でつなぐことにより都心に呼び寄せようとする社会福祉的な政策である。さらにサラゴサでは、「持続可能なモビリティ形成」「都市持続性」「経済、環境、技術、社会」と総合的な見地からの路面電車計画であることがわかる。

このように、新設路面電車導入計画は、当初の都市内公共交通の容量不足解決から出発して、マイカー規制、バス網との連携という総合的な交通計画に発展し、その目的が環境保全、生活質の向上、経済活性化、社会福祉などの多岐にわたるものとなっている。

(2) デザイン計画

路面電車の整備目的が地域と時代によって変遷したことに対応して、それを物理的に実現するものとしてのデザイン計画にも特徴が現れた。

1985年開通のナントでは、「ラウンドアバウト交差点での交通規制、信号システムやその認可方法など」路面電車を走らせるための規制をまず整えるところから始まっている。2000年ごろになると、パークアンドライド（P&R）、交通ネットワークといった公共交通網を充実させるための整備が行われている。

これらの交通利便性だけではなくて、「オリジナリティを重要視」（モンペリエ）、「オルレアン独特のデザインモチーフ」（オルレアン）、「路面電車は都市政策のシンボル」（ボルドー）のように、路面電車のデザインが街の独自性を表し、都市のシンボルとなるような役割も担い始めている。従来の路面電車の記憶が残っていたノッティンガムでは「イメージ払拭のために名称をNET（Nottingham Express Transit）と名付け、ロゴ、シンボルカラーを作成」し、新しい路面電車のイメージを古いイメージから切り離すことが、路面電車導入の過程で行われている。かつてのモータリゼーションの進展に合わせていったん撤去された路面電車を再度復活させてきたフランス、スペイン、イギリスなどの国では、市民理解を得るためにデザイン面からも新たなイメージづくりが必要であった。

また、「軌道敷や停留所は周囲に合わせ」（オルレアン）、「景観保護のために架線をなくす」、「路面電車と一体となった修景」（ボルドー）とあるように、周囲環境との調和を重視し、重要建造物の近くでは目立たない停留所を配置するなどの配慮、軌道にしか使えない空間である軌道敷には芝生を植えて騒音減少と緑化を図るという整備手法も、事業の中で生まれている。

2010年前後からは、「駅前広場を車から人に開放、市中心部の大きな広場をラウンドアバウトから広場に」（ル・マン）、「広場の外周道路を排除して人のための広場に再生、広場スペースの拡大、広場から車を排除」（アンジェ）のように、路面電車整備の中で、都市空間を車から人に取り戻していく動きが出ている。これは2002年開通のビルバオでも「歩行者ゾーンの拡大」として見られ、時代が進むにつれて歩行者空間をより好ましい都市空間へと変えていくことへの意識が徐々に高まっていったと考えられる。同時に「大々的に自転車道整備」（セビーリャ）、「緑地帯・歩道・自転車道の充実」（ビトリア）もあり、排気ガスを出さない交通手段である自転車が着目され、整備対象に自転車道が含められてきている。

2012年開通のブレストでは「都市改造」という言葉が使われ、その改造の4本柱の一つ「環境（生活）の質」の中で、トランジットモールでは「ファサードからファサードまでの公共空間を一新、軌道の半分以上を緑化」をしている。2013年開通のトゥールでは「車体と停留所の一体化、都市との一体化」が整備のなかであげられている。ここには、単に路面電車という交通機関を考えるのではなく、その周囲環境はもちろんのこと、都市空間と一体化して都市をつくり直すという整備の新たな方向性が示されている。

車輛や停留所のデザイン担当は、企業内デザイナー、部署内デザイナー、外部のアーティストや建築デザイナーらと、都市によってさまざまであり、その最終決定手段も、評議会による決定、市長による決定、市民投票、市役所のモビリティ部門と市長による決定など、都市によって異なっている。多くの都市では、デザインに関する市民投票を行なったり、途中経過を公開するなどの市民に開かれたデザイン提示の努力がなされている。

(3) 路面電車整備計画の構成要素

以上のことから、新規に路面電車路線を整備したフランス、スペイン、イギリスの諸都市において、整備計画の内容がどのように構成されているかを整理する。

整備目的は、20世紀中は「公共交通路線整備」が主なものであったが、21世紀に入り都市交通における路面電車の有用性が明確になるにつれて、「総合的な都市内交通網の基幹」としての役割、「都市環境保全のツール」としての役割、「都市再生・活性化・改造のためのインフラ」としての役割が与えられるようになった。すなわち、路面電車は、交通、環境、都市の三つの面で大きな役割を期待されて整備されている。

デザイン計画では、交通施設としての「路面電車輸送効率化、マルチモーダル化推進のための仕組み」がつくられている。具体的には、路面電車優先信号システムや自動車との連携を図るパークアンドライド(P&R)施設などのものである。また、路面電車の古いイメージから脱却し、斬新な車体デザイン、都市景観と調和した路面電車施設など「市民にわかりやすい路面電車イメージ」とするためのデザイン面からの工夫も多くなされている。具体的には、車体や停留所のユニークさ、あるいは都市のシンボルとしてのデザイン、軌道に芝生を植えて緑化を図る、架線をなくして都市景観に寄与するなどで路面電車イメージを構築している。さらに、路面電車を一つのまちづくりのツールとするために広場、歩行ゾーンなどの都市空間と一体的に整備する「都市環境・都市空間の上質化に資するデザイン」に注力されている。路面電車だけではない都市環境・生活環境の向上に関わる具体的な計画をおこなっており、都市全体の生活環境の質の向上に重きが置かれていることがうかがわれる。全体デザインについても、事業者のみで決めるのではなく「市民に開かれたデザイン選択・決定システム」が取られている都市が大多数である。

なお、路面電車を整備した効果の測定では、路面電車整備の目的に照らして、単路としての交通利便性を評価する「交通施設としての評価」、都市の公共交通網あるいは自動車も含めた「総合交通体系としての評価」、さらには「環境保全に対する評価」、都市活動にどこまで寄与したかをみる「都市再生・活性化への評価」の四つがある。路面電車が都市にもたらす多様な面での効果を評価しようとするものである。

また路面電車は公共投資として整備されるがその整備手法や財源などの制度については、すべての都市で都市独自あるいは全国一律の交通計画制度を持っていること、財源としては、政府補助も含めて地方独自の財源、交通負担金制度のよる財源を有していることを見いだすことができた。

以上のことを整理して、どの都市でどの整備内容項目が対応しているかを表６－２に示す。14都市を、２０００年までに新規開通した4都市、２００１～２０１０年に開通した5都市、２０１１年以降に開通した5都市に区分している。○印は、インタビュー時に各都市で各項目が話された場合に付けている。時間の限られたインタビュー時に担当者から話がでるほどその都市にとって位置づけの高い項目であると考え、整理した結果である。また横計として、○印の個数をカウントしているが、これも数が多いほどその項目を重要視している都市が多いことの目安程度のものである。

表６－２を見てもわかるように、整備する路面電車路線のみをプロジェクトの目的として整備計画を定めている都市は、21世紀に入ってからまったくないことがわかる。

また、整備効果の計測も重要であるが、環境保全や都市再生・活性化への寄与は、間接的・波及的な効果であることから、その計測は困難、あるいは時間の経過が必要なために、これら先進的な路面電車整備都市でも実施している都市が少ないことがわかる。

ＬＲＴ計画立案を進めるために必要なのは、地球環境にまで配慮した都市全体の大きな枠組みの中でのＬＲＴの明確な位置づけであると言える。そして、それらが、市民にわかりやすく目に見える形で伝わること、整備効果の測定に際しても交通に直結することだけではない、都市環境や生活の質に関わる評価軸が必要であると言える。

また、制度や財源については、日本とは異なる仕組みを持っているが、都市の将来ビジョンに則って市民にさまざまな情報公開をしてきている点には、学ぶべきところも多い。

日本で、社会的に受容されるＬＲＴ計画を立案するためには、ＬＲＴ計画を交通計画の枠ではなく市民の生活空間の質の向上や都市の将来像の中での明確な位置づけに基づいて計画し、整備効果についても交通以外の多面的な側面から測定することが重要だと考えられる。そうすることによって、より豊かな質の高い生活環境構築を目指したＬＲＴ計画が実を結んでいくと考えられる。

表 6-2　各都市の路面電車整備の特徴

整備計画の内容	施策項目事例	ナント	モンペリエ	オルレアン	ビルバオ	ボルドー	ノッティンガム	ル・マン	セビーリャ	ビトリア	アンジェ	サラゴサ	ブレスト	ル・アーブル	トゥール	○の合計
整備目的	公共交通路線整備 バス輸送の限界カバー	○	○								○					3
	総合的な都市内交通網の基幹 マイカー偏重からの脱皮、交通バリアフリー、 歩行者優先、各種交通機関のシームレスな連携			○	○	○	○	○	○	○	○	○	○	○	○	12
	都市環境保全のツール 自動車環境問題の解決、環境に配慮した交通、 脱炭素社会			○		○	○		○	○		○	○	○	○	9
	都市再生・活性化・改造のためのインフラ 地域間のつながり強化、沿道土地利用誘導、 都市景観整備、高品質の都市空間、社会的統合		○	○	○	○	○	○			○	○	○	○	○	11
デザイン計画	路面電車輸送効率化、マルチモーダル化推進のための仕組み ラウンドアバウト交差点の通行規制、 信号システム、P&R 施設	○	○		○			○	○	○	○	○	○		○	10
	市民にわかりやすい路面電車イメージ 路面電車デザイン、停留所・軌道敷のデザイン、架線レス		○	○		○	○		○		○			○	○	8
	都市環境・都市空間の上質化に資するデザイン 広場、歩行ゾーン、トランジットモール、自転車道			○	○	○		○	○	○	○	○	○	○	○	11
	市民に開かれたデザイン選択・決定システム コンペ、専門家会議、人気投票	○	○		○	○	○			○	○			○	○	9
整備効果の測定	交通施設としての評価	○	○	○	○		○		○	○		○				8
	総合交通体系としての評価			○	○	○		○		○	○	○	○		○	9
	環境保全効果に対する評価			○						○	○	○	○	○		6
	都市再生・活性化への評価			○		○		○					○	○	○	6
制度・財源	都市独自の交通計画制度	○			○				○	○		○				5
	全国一律の交通計画制度		○	○		○	○	○			○		○	○	○	9
	地方独自（＋政府補助）による財源		○	○	○	○	○		○	○		○				8
	交通負担金制度による財源							○			○		○	○	○	5
開通年		～2000				2001～2010					2011～					

以上示した各都市の路面電車整備計画は、現在も路線を増やしたり、関連する施設や土地利用を整備するなど順次拡大して進められているところも多い。

路面電車プロジェクトはつくって終わりではなく、うまく運用することが大事である。「カメラとインターホンで停留所とコントロールセンターをつなぐ」（セビーリャ）、「コントロールセンターを設置してバス・路面電車の位置把握」（ル・アーブル）、「停留所・車内のカメラとインターホンで客はコントロールセンターとやりとり」（サラゴサ）などのことが行われ、安全、円滑、快適な路面電車運行が行われている。これらをうまく進めるための、発達した情報技術を応用したコントロールセンターの設置も整備の一環として進められている。

写真はサラゴサのコントロールセンターである。

サラゴサ

コントロールセンターの例（サラゴサ、スペイン）

ル・マン

ビトリア

すべての都市でこのようなセンターがあって、運行の一元管理がなされている。都市によって路線網の規模やコントロール内容が異なるので、設置されている機器の種類や規模も差異はあるがどこも似たような構成である。複数のオペレータ、停留所、軌道、車内をモニターできる監視カメラ、運行中の電車位置のわかる路線網図、電気設備・信号機などの機器監視画面、緊急時に停留所や車内とやり取りができる通話装置などである。

最後に、訪問時に好意で車庫設備を見学させていただき、撮影・掲載許可をもらったものを資料として載せておく。一般にはなかなか見ることができないので興味深い。

オルレアン

ブレスト

アンジェ

あとがき

路面電車が走っているまちは、心地よくて美しい。日本も含めて世界のあちこちのまちを歩くとそう思う。路面電車は、スローでやさしく、そのまちをよく知らなくてもどこへ行くかわかりやすい乗り物である。自動車のように交通事故を引き起こしたり、環境を悪化させたりすることは少ない。地下鉄やその他の鉄道のように上下移動を強要したり、せわしなくかっ跳んでいったりはしない。知らないまちのバスのように、行き先や経路に不安になったり、乗車中の急ブレーキで倒れそうになったりもしない。

このように路面電車は大変すぐれた交通機関であるが、かつてモータリゼーションの波に押されて、道路の邪魔者として世界中の都市から次々と消えていった歴史を持っている。都市交通問題の解決、都市環境の保全、都市の再生と成長などの観点から、近年多くの都市でその良さが見直され、新たな装いで復活してきている都市も多い。欧州の多くのまちで、自動車王国と目されていたアメリカでも、カナダやオーストラリアでも、新規路線の開通が続いているが、日本ではその動きはほとんど見られない。残念なことである。

日本では従来の古くさいイメージの路面電車という言葉ではなく、LRT（Light Rail Transit）という表現で、新しい路面電車システムをつくろうという動きがある。私たちもその方向に沿って、調査研究を進めてきた。その中で、路面電車はもちろん交通機関の一つではあるが、交通機能以外の豊かな役割を持っていることを強調してきた。その一つが、まちの風景をより美しく豊かなものにするという役割である。本書では、輸送機関としての路面電車の良さではなく、まちの風景への影響について述べた。そのために、多くの写真を用いて事例を示した。写真は現地調査時に記録用として撮影したものであるが、現場の雰囲気を感じ取ってもらえればと思い多めに入れた。また、LRT 計画策定のデザイン面での参考事例集として使ってもらえれば幸いである。

なお、本書では新しい路面電車がまちの風景に与える影響についてまとめたものなので、一部の例外を除き、扱った都市は大部分が21世紀に入ってから新しく路面電車を開通させたところである。そのためスペイン、フランスのものが中心となった。

路面電車が普及しているその他の国としては、路面電車大国のドイツがある。ドイツは他の先進諸国と異なり、古い路面電車を数多く残した国である。今それが奏功しているとも言える。他にも、ウィーン、プラハ、ブダペストなどの都市は広大な路面電車網を有しており、都市の公共交通網の骨格となっている。あるいはオランダ、ベルギー、その他東欧諸国など欧州には路面電車が走っている都市は多い。しかし、昔から運行している都市が大半であるので今回は取り扱わなかった。ただこれらの都市の路面電車と沿線もまた魅力的なので、もし機会があれば訪れてみてほしい。

本書は、筆者らの研究グループがこの10数年にわたって進めてきた調査研究成果に基づいている。研究を進めるにあたっては、科学研究補助費および大阪産業大学の学内資金などに基づいたが、前著「路面電車レ・シ・ピ　住みやすいまちとＬＲＴ」（技報堂出版、２０１９年3月）の巻末に一覧を掲載したので今回は割愛する。

同僚研究者、専門家、行政担当者、さらには快く筆者らの訪問とインタビューを受けていただいたフランス、スペイン、イギリスの各都市交通計画担当者の方々などからの指導、援助、協力があって初めて本書は可能となった。感謝したい。

本書の執筆にあたっては、技報堂出版株式会社の石井洋平氏には大変ご尽力をいただいた。厚く御礼を申し上げる。

最後に、本書は大阪産業大学学会出版助成を受けたことを記して謝意とする。

** 参考文献 **

本書執筆にあたってベースとなった学術論文を以下に示す。

1 塚本直幸・吉川耕司・波床正敏・ペリー史子「拠点型官学連携施設の成果と課題に関する研究 ―さかい ＬＲＴ 研究交流センターの活動記録に基づいて―」都市計画論文集（日本都市計画学会）、第46巻第３号、２０１１

2 塚本直幸・伊藤　雅・ペリー史子・波床正敏・吉川耕司「スペインでの事例調査に基づくＬＲＴ事業要件に関する考察」大阪産業大学人間環境論集、第12号、33‐93頁、２０１３

3 塚本直幸・南聡一郎・吉川耕司・ペリー史子「フランスにおける都市交通体系の転換に関する考察」大阪産業大学人間環境論集、第13号、25‐60頁、２０１４

4 Fumiko PERRY : A Study on Design Characteristics of Tram Projects as Urban Interior Components - based on field surveys , International Journal of Spatial Design and Research 2014 ISSN:1598-3811, pp.74-88, 2014

5 ペリー史子・塚本直幸「ＬＲＴプロジェクトと公共空間デザインに関する考察 ―フランス5都市における現地実態調査に基づいて―」都市計画論文集（日本都市計画学会）、第49巻第３号、３９９‐４０４頁、２０１４

6 塚本直幸・南聡一郎・吉川耕司・ペリー史子「フランスにおける都市交通政策の転換とトラムプロジェクト ―ル・アーブル、オルレアン、トゥールを事例として―」大阪産業大学人間環境論集、第14号、57‐１０２頁、２０１５

7 ペリー史子・塚本直幸・波床正敏「イギリスにおけるトラム整備プロセスに関する考察」都市計画論文集（日本都市計画学会）、第51巻第３号、２０１６

8 ペリー史子・塚本直幸「ノッティンガムにおけるトラム導入のプロセス」大阪産業大学人間環境論集、第15号、85‐99頁、２０１６

9 塚本直幸・ペリー史子・吉川耕司・南聡一郎「スペイン、フランスにおけるトラム整備に関する研究 ―6都市を事例として―」大阪産業大学人間環境論集、第15号、１０１‐１３７頁、２０１６

10 ペリー史子・塚本直幸「景観構成要素としてのトラム停留所デザインのトレンドに関する考察」土木学会　景観・デザイン研究

講演集、第12号、2016
11 塚本直幸・ペリー史子・吉川耕司「スペイン・アンダルシア地方のLRTプロジェクト」大阪産業大学人間環境論集、第16号、159-179頁、2017
12 ペリー史子・塚本直幸「都市景観構成要素としてのLRT停留所デザインの特徴に関する時系列的考察 ―欧州33都市での現地実態調査に基づいて―」都市計画論文集（日本都市計画学会）、第52巻第3号、2017
13 ペリー史子・塚本直幸「都市風景としてのLRTと都市歩行者空間のデザインに関する考察 ―ポートランドの現地実態調査に基づいて―」土木学会 土木計画学研究・講演集、第57巻、2018
14 ペリー史子・塚本直幸「LRT関連施設デザインが都市風景のダイナミズムに与える影響要因に関する基礎的考察」土木学会景観・デザイン研究講演集、第14巻、2018
15 塚本直幸・波床正敏「スペイン・アンダルシア地方のLRTプロジェクト その2」大阪産業大学人間環境論集、第18号、89-107頁、2019
16 ペリー史子・塚本直幸「社会受容性の高いLRT計画立案に関する一考察 ―欧州14都市実態調査から導かれること―」都市計画論文集（日本都市計画学会）、第55巻第3号、1123-1240頁、2020
17 ペリー史子「アメリカ2都市におけるLRTと都市公共空間のデザインに関する考察 ―ダラス、ヒューストンでの現地実態調査に基づいて―」土木学会 土木計画学研究・講演集、第61巻、2020

■『路面電車とまちの風景』掲載都市一覧

（表中の数字は本書の各章で最初の掲載頁を示します）

国名	都市名	第1章 路面電車のいる魅力的なまち	コラム アメリカ・ポートランドの路面電車	第2章 既存風景にとけこむ	コラム 窓から見える風景	第3章 まちの改造と新しい風景	第4章 街路風景に新しい価値を	コラム さりげなくアートが語る	第5章 人のいる風景	コラム チケットからの気づき	第6章 新しい路面電車はどのように計画されたか
アメリカ	ダラス	50			86		124	133			
	ヒューストン	50					122	134			
	ポートランド		64				121	134	150		
イギリス	ノッティンガム	44									160
スイス	チューリッヒ			73							
スペイン	アリカンテ			70			106				
	グラナダ			69		99	117				
	サラゴサ			74		93	114		142		160
	サンフェルナンド			78							
	セビーリャ	2		74	87		112		138		160
	バルセロナ					102			145		
	パルラ					100	122				
	バレンシア						126				
	ビトリア	8		74					141		160
	ビルバオ	8		73		90	129			156	160
	マラガ						112				
	ムルシア					96	114				
チェコ	プラハ						115				
日本	富山	58		68			121				
フランス	アンジェ			80		92	106		139		160
	オルレアン	14		81			111		141		160
	グルノーブル			68							
	クレルモン・フェラン						107		146		
	サンテティエンヌ					94			147		
	ストラスブール			74			112		140		
	ディジョン			84	86	94	118			156	
	トゥール					93	118	133	139		160
	トゥールーズ					95	108			156	
	ナント	20		75	86	90	114		146	157	160
	ニース					91	127		139		
	パリ								146		
	ブザンソン			76	86	92	112		141		
	ブレスト	26		71		97	123		149		160
	ボルドー			75		92	116		140		160
	マルセイユ			72	87		110				
	ミュルーズ					96	117				
	モンペリエ			70		99	105		138	158	160
	ランス			81			107		145		
	リヨン					94	109		140		
	ル・アーブル	32		71		99	111		148		160
	ル・マン	38		82		90	107			157	160
	ルーアン			84			111		147		
ポルトガル	ポルト			77							
	リスボン				87						

（国名・都市名は五十音順）

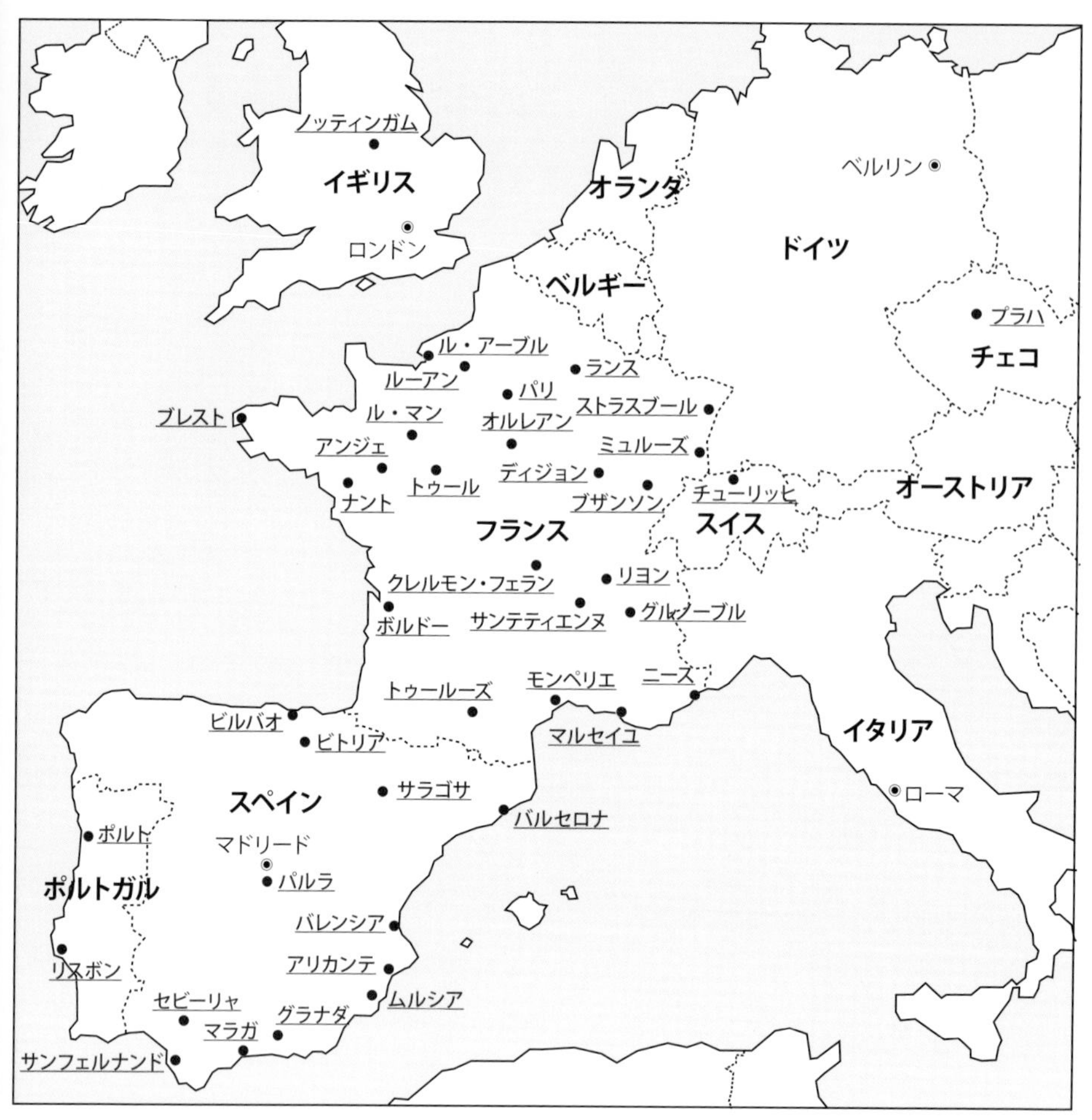

● 赤字の地名は本書で取り上げた都市を示します

■『路面電車とまちの風景』掲載都市

路面電車とまちの風景

- LRT デザインパレット -

定価はカバーに表示してあります.

2022 年 3 月 25 日　1 版 1 刷発行

ISBN978-4-7655-4491-7 C2065

著　者　ペリー　史子
　　　　塚本　直幸
発行者　長　滋彦
発行所　技報堂出版株式会社
〒101-0051　東京都千代田区神田神保町1-2-5
電　話　営　業（03）（5217）0885
　　　　編　集（03）（5217）0881
　　　　F A X（03）（5217）0886
振替口座　00140-4-10
U R L　http://gihodobooks.jp/

日本書籍出版協会会員
自然科学書協会会員
土木・建築書協会会員

Printed in Japan

装幀：Fumiko K. Perry　絵：Mariko Perry　組版：田中邦直　印刷・製本：愛甲社

落丁・乱丁はお取り替えいたします.

《 関連書籍のご案内 》

路面電車レ・シ・ピ

住みやすいまちとLRT

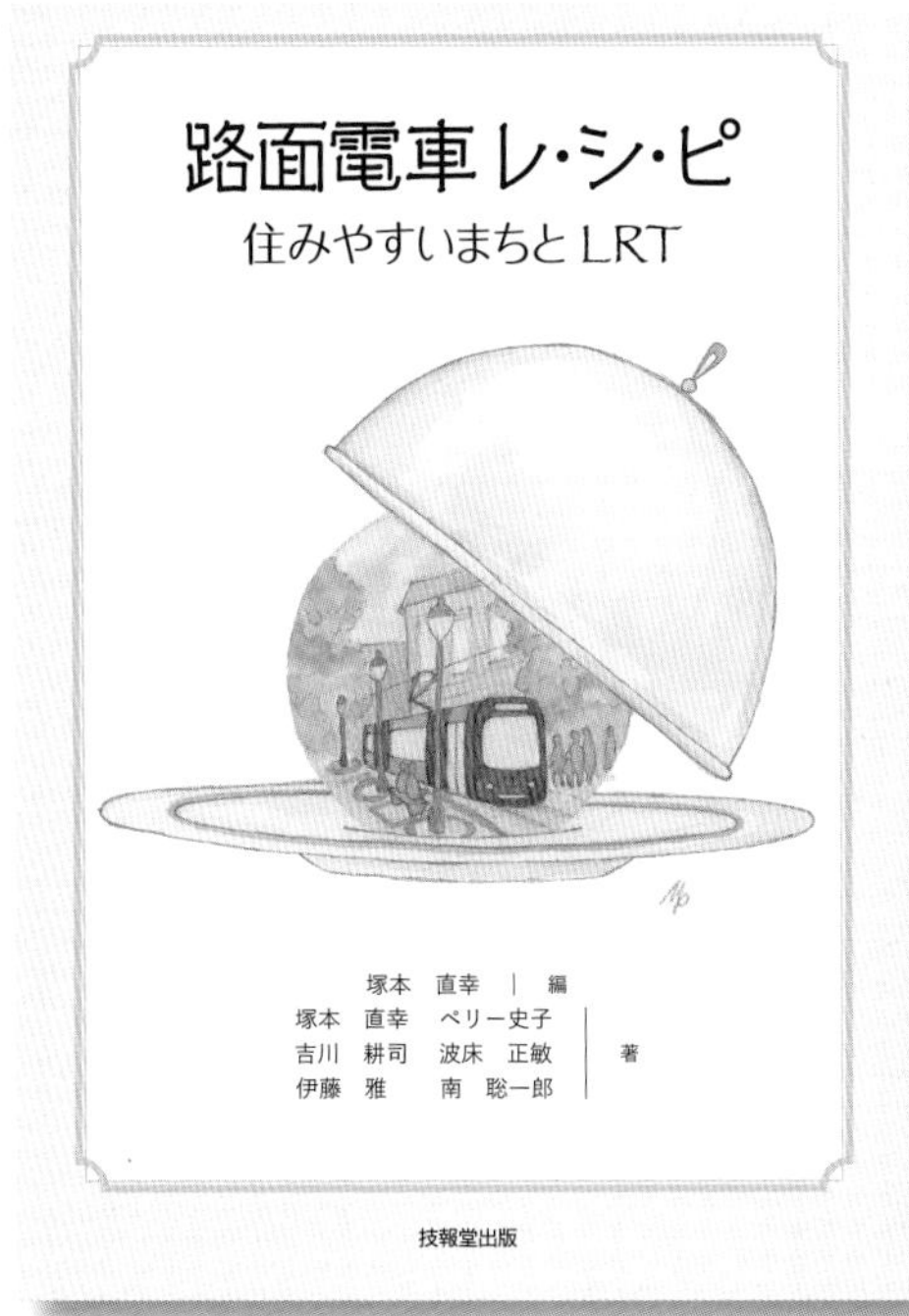

編著者　塚本　直幸
著　者　(五十音順)
伊藤　雅
波床　正敏
ペリー　史子
南　聡一郎
吉川　耕司

A5・192頁
定価 2200円
(本体 2,000円+税 10%)
2019年3月　発行
ISBN : 978-4-7655-4486-3

【内容紹介】

新たな装いの路面電車システム（LRT＝Light Rail Transit）は、都市交通問題の解決だけではなく、環境保全、中心市街地の活性化にも大きな役割を果たすとして世界中で注目され、次々と新しい路線が開通している。

しかし日本では、LRTの多様で豊かな機能が十分には理解されていない。

この本は、おおむね2000年以降新規開通した欧州諸都市の事例を中心に、LRTの働き方を紹介し、またLRTを活かしたまちづくりの手順、制度、課題を多くの人に知ってもらう目的で書かれた。

縦書き・4色刷。

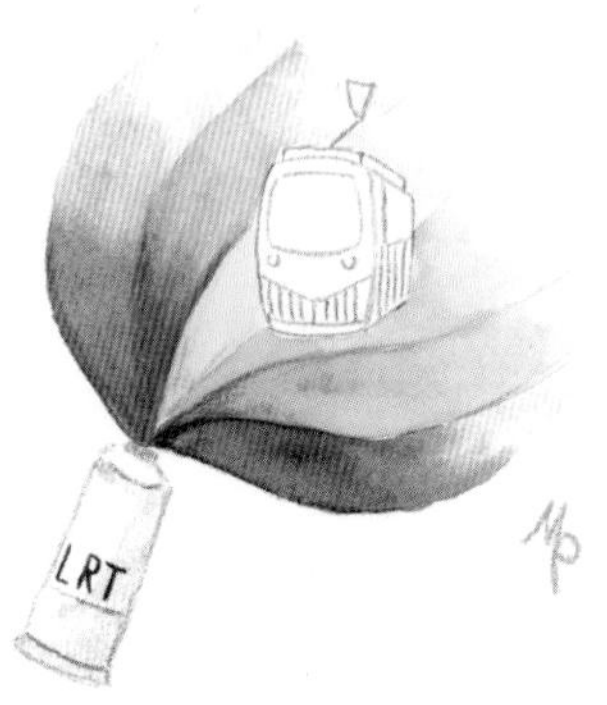
LRT